U0915637

【文·化·南·京·丛·书】

丛书主编⊙周　直　李海荣

明孝陵史话

王前华　廖锦汉⊙编

南　京　出　版　社

图书在版编目（CIP）数据

明孝陵史话 / 王前华编. —南京：南京出版社，2003
（文化南京丛书）
ISBN 978-7-80614-788-7

Ⅰ.明…　Ⅱ.王…　Ⅲ.陵墓-简介-南京市
Ⅳ. K928.76

中国版本图书馆CIP数据核字（2003）第081937号

文化南京丛书
明孝陵史话
王前华　廖锦汉　编
*
南京出版社出版
社址：南京市太平门街53号　邮编：210016
网址：http://www.njcbs.cn
江苏省新华书店发行
南京玉河印刷厂印刷
*
开本787毫米×1092毫米　1/24　印张6　字数140千
2003年7月第1版　2016年3月第5次印刷
*
ISBN 978-7-80614-788-7
定价：20.00元

淘宝网店

天猫网店

《文化南京丛书》编委会

目录

总序

历史曾经无比眷顾南京。自今以溯，凡五千年，建业情怀，金陵风物，那些附着在历史虚境上的形声色意，所谓楚秦王气、南朝烟雨、赵宋残阳、明朝宫阙、天国风雨者，或托于古巷，或附于丘阿，或以诗表，或以词生，凡此种种，都在这座古城千年的皇皇之旅中留下了深深的印痕，浸染了一种难以言表的文化意味，总让人们在她的历史传承和文化积淀中细细品位出她撼动人心的魅力。

在偌大的一座城中，那些生于斯长于斯的本土人因其各居其所，也就各寻其趣，各怀其思。城南人熟知秦淮河的氤氲之气与夫子庙的俚俗繁华，城西人徜徉在石头城下莫愁湖边，居于城北则会醉心于玄武湖的舒展与鸡鸣寺的空灵，身在城东自然会钟情于紫金山和明孝陵，生活在中心区的人们则会以与总统府和其他众多的民国建筑为邻而自豪。

敻敻华夏，四野异趣。古来寓居于此者身份各异，谋生、为官或求知，来了，就在此坦然生息了。他们在此留下不朽之作或成就千古功业。帝王将相、文人骚客，不胜枚举。三国吴大帝构筑建业城，南朝刘勰创制《文心雕龙》，南宋岳飞牛首山大败金兵，明代郑和西航达于至远……古都南京华章迭出，伟业连连，实因地处南北东西交通之所，地理气候条件优厚，更兼极为丰富的历史内涵和具有包容性的文化氛围使然。南京人温厚、大度，不骄躁，少急进，在历史的狂风骤雨中，又显现出鲜有的坚韧与执着。用一个时髦的词汇，南京一直就是一个移民城市。众多寓居在此的人不仅身有所托，更是魂有所依，他们创造的历史传奇或是遗存的文化痕迹，与南京相互交融并一脉相承。

金陵自古就是览胜地。情以景生，景因情胜。在历代文人的笔下，南京不少胜迹都留在了他们的诗章中。著名的如刘禹锡的《西塞山怀古》和杜牧的《江南春》，无论是“金陵王气黯然收”，还是“多少楼台烟雨中”，道出的多是历史的无情与沧桑；而诸葛孔明“钟阜龙盘，石头虎踞，真帝王之宅”的赞誉，孙中山先生“此地有高山，有深水，有平原。此三种天工，钟毓一处，在世界中之大都市诚难觅此佳境也”的评价，则是对南京这一帝王之都江山形胜的绝佳颂辞。只是,今人对金陵的寻访大都没有如此的凝重和气度,而是多了几分浮躁和喧嚣。即使有人执意循着当年朱自清、俞平伯的路径,夜泊秦淮;即便同是桨声灯影,当年情韵也只能在遥远的想见中了。念想中与真见时情景的差别常会让人产生略带凉意的恍惚之感,毕竟物非人非了。凡此种种,都属形神相离,览胜者实际都难以获得心神的休憩享受及愉悦体验。要让偶或的览胜成为长久的纪念甚至精神的滋养,确是需要访者与访地一点文化意义上的心会神通。

人是历史的创造者,只是人生再伟大也只能在历史长河中溅起一小朵浪花。在精神物化时,历史也就成了载体组合的进程。多少浩繁的卷帙,多少美妙的词章,都是人依托语言的存在,而"当歌曲和传说都保持缄默的时候,还有建筑在说话"(果戈里语)。散布南京全城的一座座古建筑,一处处古遗迹,一件件古文物,是这座千年古城极富文化内涵和悠久历史的最好见证。秦淮河流经的千年烟雨,古城墙绵延的百里沧桑,弥漫其间的,到处都是历史散落的悠悠记忆。在"南京文化"中梳理"文化南京",是每一个缘结南京的人对文明进程的深情回眸,是一个伟大时代对一个伟大城市未来道路的理性选择,也是今人留给后人的一份值得珍爱的文化馈赠。

我们始终眷恋这座城市,热爱这座城市。在人类适应自然、创造历史的痕迹愈加斑斓的今天,南京市社会科学院特约研究员王前华、卢海鸣、刘晓宁、杨新华等撰写的《明孝陵史话》、《总统府史话》、《南京寺庙史话》、《南京民国官府史话》,从一个侧面记录下了名都南京的千年延续。我们相信,这套丛书的出版将成为海内外朋友探幽访胜途中的知己。

《文化南京丛书》编委会

2003 年 5 月

前言

明孝陵是明朝开国皇帝朱元璋的陵墓,位于南京东郊钟山南麓。朱元璋诗云:“天为帐幕地为毯,日月星辰伴我眠。”具有宏大的帝王气魄和独特的理念追求的朱元璋,在其陵墓的建造上就是以这样的胸襟来实现自我的。明孝陵开创了新式帝陵制度,并一直影响到后来的明十三陵及清代诸陵制度。可以说,孝陵的建设规制开启了明、清两代帝陵规制之先河,在中国帝陵发展史上具有划时代的意义。

明孝陵属于我国现存的几处建筑规模最大、最有特色的古代帝王陵墓之一。

说其“大”,是指明代的孝陵范围几乎覆盖钟山的全部,山前有帝陵,山后有臣墓,山里设神宫监,山外设孝陵卫,围绕孝陵的皇墙周长达22.5公里,相当于京师城墙长度的三分之二,可见规模之庞大。明孝陵的这种大,不是空泛的大,而是中国传统文化的综合体现。它的神道石刻融整体宏大与局部精细为一体,代表了明初雕刻艺术的最高水平;它的地面建筑气势雄伟,工艺精湛,体现出明清建筑艺术的最高成就;它的整体布局张弛有度,高潮迭起,显示出文化和艺术的最高境界;它的文化底蕴包容着千百年来“天人合一”的哲学思想,又符合儒家的礼治秩序,是中国传统思想的艺术结晶。

说其“特”,是指明孝陵从大的框架到单体建筑都融会着创新精神。它的陵宫布局呈现一种新颖的“前朝后寝”和前后三进院落的格式,这种建筑布局反映的是礼制,突出的是政治和皇权。作为导引的神道设施则一反常规,依山势地形作蜿蜒曲折之变化,或取法于天,或取象于地,以求天地相融,这其中包含了深刻的中国传统思想文化和鲜明的个性特征。在穿插于陵域的整个排水系统上,独具匠心的通过三条御河,将陵域划分成导引区、神道区、前朝区、后寝区,同时凭借三座御桥将这四个区域连接成一个和谐的整体,流动的水脉维系着陵域空间的有序性和完整性。在单体建筑的设置运用、建造技术、构件样式上,首创了在封土及宝城前面建筑方城和明楼的布局格式，使后寝部分显得气势雄伟；各大型建筑门顶均为拱券形，是中国建筑史上大跨度砖拱技术运用于殿宇建筑的成功范例；殿基上的大型鼓镜式柱础以及殿顶的脊饰龙吻的造型，均为明清官式建筑所承袭。

明孝陵是中国封建社会发展到又一个高峰的产物，是明初政治思想、社会文化、审美意识、建筑技术和国家财力的结晶。山清水秀的自然环境，天造地设的山川形胜，与明孝陵协调相融，浑然一体，使自然环境更富有文化底蕴，使人文景观更具有自然色彩。明孝陵高度体现了中国的传统文化，从而成为明朝帝陵的典范之作。

明孝陵所具有的深厚博大的东方文化内涵，不仅属于中国，也是属于世界的。它具备了世界文化遗产所需的“突出”和“普遍”的价值。明孝陵申报世界文化遗产，将更好地体现南京融现代化文明与古都风貌于一体的城市特色，更好地向世界展示南京独特而丰富的文化遗产，更好地让明孝陵得到全人类的关爱和保护。这是明孝陵的福祉，也是南京市民的福祉。为此，我们也需要树立一种全新的环境意识：欲成为世界文化遗产，就必须按照要求，即我们认同的国际准则去做。这是整个环境保护的一个部分，这项工作做好了，就会对人类社会可持续发展做出贡献。根本而言，保护世界遗产需要的是对人类命运的终极关怀。因此，在保护和利用明孝陵文物资源上，绝对不能以短期行为来对待世界文化遗产，要将文化遗产的真实性和完整性放在首要地位，防止过度开发和错位开发，杜绝违章建筑回潮。要看准自身的价值和标准，尽量避免向万花筒似的“游乐场所”靠拢，应该提倡和引导游人高品位的旅游。而所有这些工作都不可能是一劳永逸的，是一个永不间断、永无止境的历程。应当说，提升全体市民对文化遗产的认知水平和保护意识还是任重而道远的，这需要对民族历史文化和自然环境有着深刻的理解和忧患意识。这本《明孝陵史话》将在此方面做出努力，以期大家携手与明孝陵、与南京的所有明文化载体一道更融洽地走向明天。

朱元璋生平

苦难的少年生活

元朝天历元年（1328年）九月二十八日，在濠州钟离东乡的一位普通百姓家，又一个新的生命降临到人间。这婴儿的第一声啼哭与别的孩子并没有什么区别，但他的一生却给世间带来了很多变化。他就是推翻元朝统治、建立大明王朝的开国皇帝朱元璋。

朱元璋画像

朱家世代为农，祖籍江苏沛县，祖上几经辗转迁移来到钟离乡。朱元璋是家里的第四个儿子，乳名重八，长大后改名为兴宗，后又改为元璋。

关于朱元璋母亲怀孕及朱元璋出生的情况，史书上有不同的记载。一种说法是：朱元璋的母亲是吃了道士的药丸而怀孕的，朱元璋出生时红光满室，香气缭绕整夜不散等等。这种说法是中国古代对于杰出人物常用的一种穿凿附会手法，以期给他们戴上神圣的光环，表现他们的非同寻常。

朱元璋出生的时代正处在元朝政府统治黑暗的时期。蒙古人建立的元朝政府对百姓敲诈勒索，底层的百姓生活在水深火热之中，常常面临饥饿的威胁。虽然朱元璋深得父母的喜爱，但年少的他也要替东家放牛。尽管生活十分艰难，但一家人和和睦睦，也还算温馨。元朝至正四年(1344 年)，淮北大旱，庄稼收成很少。不料祸不单行，瘟疫也开始流行起来。许多人病倒，接着死去。那些能出逃的人开始背井离乡地寻找出路，朱元璋家乡附近的十几个村落人烟寥落，一片荒凉景象。在这场灾难来临时，朱元璋的家人也没能逃脱。父亲朱五四、母亲陈氏、大哥朱重四相继去世。朱家不仅无钱置办丧事，甚至连安葬死者的地方都没有。最后，朱元璋和二哥在邻居的帮助下才草草埋葬了亲人。一家人也各奔东西，寻找生路。

此时，朱元璋已是十六七岁的少年了。他开始四处寻找生计，但往往是无功而返。他想到天下之大，竟无他朱元璋的投奔安身之处，不禁潸然泪下。为了寻找一条活路，朱元璋只得去附近的皇觉寺当了和尚。就这样，皇觉寺里多了一个其貌不扬的小和尚。

然而，朱元璋在皇觉寺的好日子只过了两个多月就结束了。由于灾情严重，寺中所存粮食越来越少，佃户又没有租子可缴，寺院住持以没有饭吃为由，先是打发走挂单的和尚，接着皇觉寺的和尚们也都四处云游去了。于是，朱元璋结束了自己短短的晨钟暮鼓的寺院生活，和其他的皇觉寺和尚一样，开始云游四方，靠化缘来维持生存。

朱元璋到过很多地方，他拿着破旧的钵子，敲着木鱼，向有钱的人家讨口饭吃。这样的生活持续了三年多的时间。在这段时间里，他增长了见识，但对于未来的生活，没有什么打算。后来听说家乡不安宁，朱元璋决定回家乡看看。

明太祖朱氏世系表

考朱仲八(五世祖) 妣陈氏
长子朱六二
次子朱十二
三子朱百六(高祖) 妣胡氏
追封德祖玄皇帝、玄皇后
长子朱四五
次子朱四九(曾祖)
妣侯氏
追封懿祖恒皇帝、恒皇后
长子朱初一(祖考) 妣王氏
次子朱初二
三子朱初五
四子朱初十
追封熙祖裕皇帝、裕皇后
长子朱五一(伯) 妣刘氏
次子朱五四,又名世珍(父) 妣陈氏
追封寿春王、夫人
追封仁祖淳皇帝、淳皇后
长子朱重一
次子朱重二
三子朱重三
四子朱重五
长子朱重四(长兄)
妣王氏
次子朱重六
三子朱重七
四子朱重八
(朱元璋)
追封霍丘王
追封下蔡王
追封安丰王
追封蒙城王
追封南昌王夫人
追封盱眙王
追封临淮王
明太祖
子
无后
长子
次子
三子
四子
无后
长子
次子朱文正
子
无后
宝应王
来安王
六安王
都梁王
英山王
山阳王
大都督
招信王
子朱守谦
靖江王

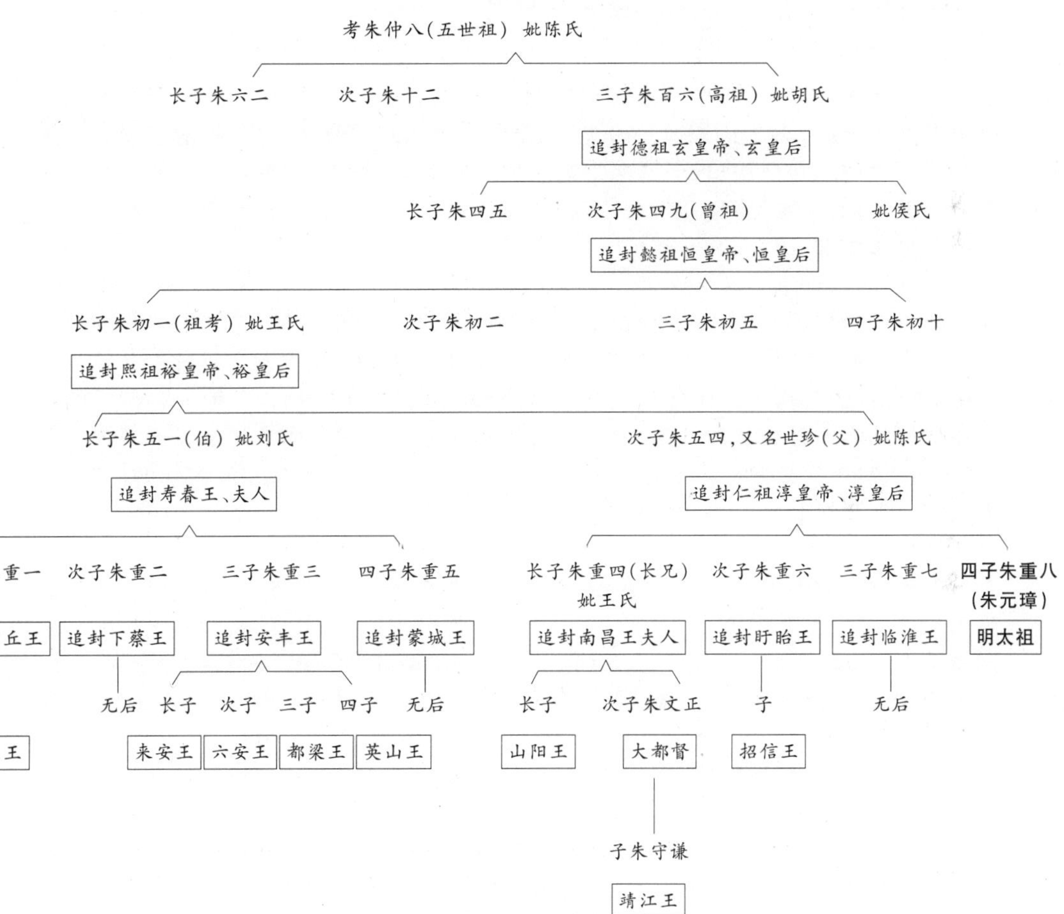

在战争中成长的“九夫长”

元朝至正八年(1348 年),朱元璋回到了家乡,栖身于皇觉寺。此时,元朝的统治已经走上了末路。各地的农民纷纷起义,全国各地出现了多支义军,扛起了反元的大旗。至正十一年,黄河决口,大量河工被派去治理黄河。此时,民间的秘密组织白莲教首领韩山童、刘福通等利用河工的不满发动了起义。因义军头包红巾,所以称为“红巾军”。红巾军起义把元朝末年的农民起义推向了高潮。他们杀官僚,开粮仓,敲响了元朝统治者的丧钟。

至正十二年二月,在朱元璋的家乡濠州出现了一支起义军,这就是郭子兴领导的红巾军。郭子兴和另一位起义军首领孙德崖很快占领了濠州城。百姓对义军不很了解,仍把希望寄托在官兵身上,希望官兵能镇压义军,解救他们。但元朝派来的官军却把百姓擒去邀功请赏,还放火烧了附近的皇觉寺。在此栖身的朱元璋失去了栖身之所,不知该何去何从。他想去投奔红巾军却有些害怕,不去又没有别的出路,后来决定向神灵问卜。问卜的结果让朱元璋下定决心——投奔起义军。就这样,这年的闰三月初一,朱元璋进入濠州城,参加了郭子兴领导的红巾军。

朱元璋参加郭子兴义军后,深受郭子兴的器重,被郭子兴留在身边,后又被任命为亲兵长,手下管九个人,因而也称“九夫长”。郭子兴还把自己的义女马氏许配给朱元璋为妻。如此一来,朱元璋在军中的地位也有了微妙的变化,被呼为“朱公子”。由于朱元璋办事谨慎、得力,又曾经解救过郭子兴,因而被郭子兴提升为“镇抚”。但随着时间的推移,濠州城内郭子兴和其他义军首领的争斗使朱元璋感到呆在这里没有什么大的前途,于是他把自己回乡招募来的 700 多人交给郭子兴。至正十四年春,在郭子兴的默许下,朱元璋带领徐达等 24 人南取定远,开始另寻出路。

这一年,朱元璋先是招降了驴牌寨的民兵 3000 多人,接着又令花云率军夜袭驻扎在横涧山的元帅缪大亨的军营,获得 2 万名精壮士兵。朱元璋的军队由此声名大震。这时,冯国用、冯国胜兄弟和李善长相继来投,彼此言谈甚欢。朱元璋让冯氏兄弟做自己的幕中参谋,任李善长做幕府的掌书记。朱元璋此后攻占了滁州,并在此驻扎下来。此时,濠州城中的郭子兴再次遇险,后经朱元璋搭救,才得以率所部军队来滁州与朱元璋会合。此时朱元璋虽然有了自己的军队,但仍然受到郭子兴管辖。由于别人的挑拨,朱元璋和郭子兴之间出现了矛盾。郭子兴对朱元璋愈加猜忌和存有戒心,他削夺了朱元璋的军权。后来,经过朱元璋、马氏和李善长等的努力,郭的态度才有所转变。

至正十四年十一月,与郭子兴有矛盾的义军首领孙德崖驻守在六合的军队受到元军的重兵围困,形势危急,向滁州求救。郭子兴拒绝出兵。为顾全大局,朱元璋向郭子兴晓以利害,请求出兵救援,郭子兴这才勉强同意。于是,朱元璋带兵前往,并用计打败了元军,取得了滁州保卫战的胜利。这场战争显示出朱元璋的智慧,折服了其他将领。此时的滁州驻扎着几万人的军队,粮饷的问题困扰着众人。朱元璋提出南下和州,但郭子兴担心元朝重兵把守,难以攻取。经过朱元璋的劝说,郭子兴任命朱元璋总督诸将南下和州。几经波折,朱元璋才在和州站稳脚跟。不久,郭子兴来到和州,和孙德崖之间又发生了一场争斗,因气结于心,一病不起,在和州去世。朱元璋成为这支队伍的实际领导者和指挥者。

至正十五年二月,红巾军领袖之一刘福通等迎韩林儿为皇帝,建都亳州,国号宋,建元龙凤。三月,郭子兴去世。龙凤政权任命郭子兴之子郭天叙为都元帅,张天祐为右副元帅,朱元璋为左副元帅。朱元璋知道后十分生气,说:“大丈夫宁能受制于人耶!”但面对现实,朱元璋为了更有号召力,还是接受了任命,并开始用龙凤政权的年号号令军中。在郭天叙、张天祐等沉醉于获得头衔的喜悦中时,朱元璋却没有被眼前的虚名和得失所困扰,而是把自己的全部精力放在反元的大业中。

至正十五年四月,常遇春前来投奔朱元璋,后来成为朱元璋的得力大将。这年,朱元璋决定渡过长江,向南发展。六月,朱元璋兵分两路,向南进发。义军所向披靡,攻占了采石、太平。太平是朱元璋渡江后占领的第一个大的城池,也是朱元璋作为最高统帅占领的第一个重要据点,因而成为朱元璋事业的一个转折点。

占领太平后,朱元璋发布军令、张贴榜文,严禁军士掳掠。当地的耆儒陶安、李习等率领父老出迎，并献计于朱元璋。朱元璋想取金陵，问陶安如何。陶安回答说："金陵是帝王之都，虎踞龙盘，有长江之险可以凭借。如果占据此地，出兵征讨四方，一定能成功！这是上天用来资助明公的。"陶安对南京地理形势的分析让朱元璋更加坚定了信心。他让陶安参幕府事，任李习为太平知府，设置了太平兴国翼元帅府，自任大元帅。

当时太平周围都是虎视眈眈的元朝军队，朱元璋用了半年多的时间多次粉碎了蛮子海牙和陈也先等在采石、太平外围等地对义军的反扑和骚扰，并进一步占领了紧邻集庆路(今南京)的芜湖、句容、溧水等县和溧阳州。朱元璋在巩固了太平，并完成一系列对集庆路外围的包抄后，在至正十六年(1356年)三月亲自率领大军，水陆并进，攻取集庆。经过三个多月的激战，在六月占领了集庆城。义军俘虏元朝御史王稷、元帅李守等300多人，蛮子海牙等走投张士诚，水军元帅康茂才等将领投降了朱元璋。攻下集庆后，朱元璋又得儒士夏煜、杨宪等10多人，义军也剧增到十万多人。朱元璋入城后告谕百姓各安其业，废除元朝的苛政等，严禁骚扰百姓。随后，他改集庆路为应天府，设置大元帅府，自任大元帅；又置上元、江宁二县和其他一些行政机构，建立了初期的南京政权。南京初期政权的建立，标志着朱元璋反元的方向发生了根本性的变化，宣告了朱元璋的农民起义反元历史的结束，同时开始了以重建汉族封建王朝为目标的历史新时期。七月，小明王韩林儿获得朱元璋占领集庆城的捷报后，决定设立江南行中书省，授朱元璋为"中书省平章政事"，右丞相，吴国公。朱元璋接受了任命。经历过风风雨雨的朱元璋在战争中逐步成熟起来，显示出非凡的智慧和领导才能。

扫除缔造新王朝的障碍

朱元璋以应天府为根据地，拥有了集庆路、太平路、镇江路等江南地面和十几万的军队，成为江南很有势力的地方割据政权，但在名义上仍属于龙凤政权的一部分。朱元璋在应天安排妥当后，便派徐达领兵攻下镇江，并分兵占领金坛、丹阳等县。在

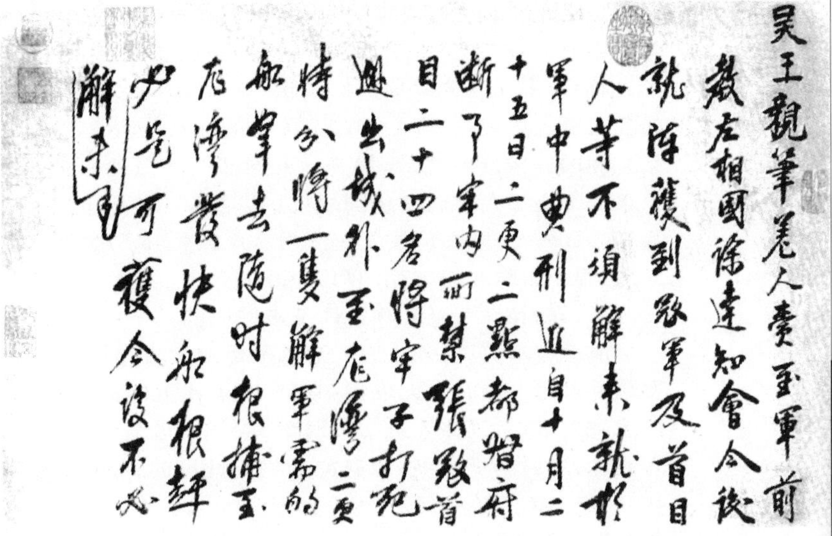
吴王亲笔差人赍至军前
教左相国徐达知会今后
就阵获到张军及首目
人等不须解来就于
军中典刑止自十月二
十五日二更二点都督府
断了牢内所禁张军首
目二十四名将牢子打死
逃出城外至龙湾二更
时分将一只解军需的
船撑去随时根捕至
龙湾发快船根赶
必是可获今后不必
解来

朱元璋为吴王时所书的一道军令

出兵攻镇江时，为了严肃军纪，朱元璋和徐达设计，由朱元璋故意找徐达的错处，绑了徐达要处死刑，经李善长和一群幕僚再三求情，才允许徐达将功赎罪。朱元璋又当面吩咐攻下镇江城池后，不许焚烧百姓房屋、不许抢掠百姓财物、不许杀百姓等军纪。徐达攻下镇江后，严肃军令，没有骚扰百姓，因而受到百姓的拥戴。朱元璋军队的名声也随之越来越大了。至正十六年(1356年)六月份，朱元璋又派邓愈占领广德路。随着军事上的胜利，朱元璋不仅巩固了应天，而且地盘也一天天扩大，经济和军事力量也日益增强，为其扫除周围的军事力量打下了基础。

朱元璋渡江以后不久，就面临缺少军粮的困难。连年的战乱使农村的劳力缺乏，加上其他的原因，百姓的收成并不好。朱元璋除向属地的百姓征收部分粮食外，更重要的是分派诸将在各处开垦荒地，且耕且战，保证了军粮的供应。

在解除了应天的军事威胁和军粮供应的困难后，朱元璋开始把矛头指向富庶的浙东、浙西。朱元璋先后占领诸暨、衢州，东南一带孤立的元军据点也被次第消灭。占有浙东后，朱元璋又得到了一批谋士和文人的支持，其中包括刘基、章溢、叶琛、宋濂等。随着他势力范围的进一步扩大，形成了东、北两面邻张士诚，西邻陈友谅，东南邻方国珍，南邻陈友定的局面。朱元璋对周围的形势进行了仔细的分析后，确定了下一步的进军计划。他针对不同的敌人,运用不同的战略战术,在军事上取得了主动的优势。

当时陈友谅处在长江上游,且在至正二十年(1360 年)自立国号,势力十分强大,因而对朱元璋造成很大的威胁。故朱元璋决定首先与陈友谅决战。朱陈之间重要的战役有四次:第一次是至正二十年的南京龙湾之战,第二次是至正二十一、二十二年冬春的安庆江州之战,第三次是至正二十三年夏的洪都鄱阳湖决战,最后一次是至正二十四年春的武昌包围战。尤其是鄱阳湖大战,十分激烈,陈友谅在激战中被射死,朱元璋获得陈友谅手下一大批文臣武将和 5 万多士卒。只有其太尉张定边等趁天黑,用小船载着陈友谅的尸首和陈友谅之子陈理逃奔武昌。第二年春天,朱元璋亲征武昌,陈理出降,至此陈友谅部被彻底消灭。

消灭陈友谅后,张士诚成为朱元璋的主要作战目标。至正二十五年十月,朱元璋发起了对张士诚的强大攻势。在此之前,朱元璋虽然与张士诚有过交锋,但主要是采取防御策略。针对张士诚,朱元璋采取了大包围的态势,决定先扫江北,削其臂膀,剪其侧翼;尔后南下江浙,攻其心腹。与此同时,发布讨张檄文,列举张士诚的八大罪状,展开舆论宣传攻势。

朱元璋对张士诚的战争进行得并不顺利。虽然起初朱元璋占领了张士诚的一些地盘,但张士诚不时出击已在朱元璋控制下的地区,给朱元璋造成不少麻烦。经过长时间的激烈会战和对峙,朱元璋的军队占了上风。到至正二十六年十二月初,朱元璋的军队依次平定了湖州、杭州、绍兴等地。最后,几十万大军围攻张士诚的老巢姑苏(今苏州)。姑苏有张士诚把守,布防坚固,粮草充足。徐达和常遇春几次攻打都没有攻下。朱元璋不得不采取围困策略,但经过长达五个月的围困,张士诚仍未投降。此时张士诚的旧将李伯升主动要求前去劝降,也没有成功。又过了三个月的时间,才最后攻入姑苏城,生擒张士诚。至此,朱元璋消灭了群雄中最强大的两支,在南方拥有了绝对的军事优势。

朱元璋在南方作战的同时,北方的局势发生了很大变化。义军刘福通的三路北伐大军遭受元军重创,龙凤政权的辖地不断被元朝军队占领。刘福通、韩林儿对江南的屏障作用基本消除。从全局出发,在没有彻底消除陈友谅和张士诚对自己的威胁前，朱元璋不愿与北方发生战争，以免陷入两面受敌的不利局面。为此，朱元璋与元军统帅察罕帖木儿达成暂时妥协，表示可以互通友好。这就减轻了来自北边的压力，从而使朱元璋能集中力量征讨南方。至正二十七年，韩林儿死去，元末农民大起义中所建的龙凤政权退出了历史舞台。

昔日和尚披龙袍

元朝至正二十七年(1367 年)十月，在刚刚结束对张士诚的战争后，朱元璋又在南北两个方向同时出击，命汤和向南讨伐方国珍，中书平章胡美等攻打陈友定，命湖广行省平章杨璟等攻取广西；同时派大将军徐达、鄂国公常遇春率领 25 万大军北伐中原。在派大军北进的同时，朱元璋发布讨元檄文，针对蒙元的民族统治，强调华夷之辨，发出了“驱逐胡虏，恢复中华，立纲陈纪，救济斯民”的号召，展开强大的政治舆论攻势。

到十二月份，在南北战场上大局已定。朱元璋在应天城(今南京)内为自己的登基做好了各种准备：新的皇历已颁布，新的法律也已颁行，皇帝、后妃、官员的礼服等已备齐。于是，在十二月十一日，李善长率文武百官奉表劝进，朱元璋假意推让一番后，于二十二日迁居新宫。洪武元年(1368 年)阴历正月初四，朱元璋正式登极，国号大明，年号洪武，定 1368 年为洪武元年。朱元璋从昔日的小和尚摇身一变成了一统天下的皇帝。

朱元璋登基后，追尊自己的上四代祖先为皇帝，接受百官的朝贺，为徐达、李善长等随自己征战南北的将士加官封爵。新朝开基，百废待兴。朱元璋清醒地认识到眼下的当务之急仍然是战争。陈友定未平，两广未下，巴蜀割据，更重要的是元朝皇帝还安坐在大都(今北京)。洪武元年五月，朱元璋亲临汴梁(今河南开封)，考察民情，慰问将士，同徐达商讨北征策略。随后，徐达率领大军浩浩荡荡北进，在八月攻下了大都，元顺帝北走。同时，徐达擒获元朝监国宗室帖木儿不花、太尉中书左丞相庆童等，并获王子六人及玉印、玉玺。徐达封府库，派人报捷于朱元璋。朱元璋为此举行了隆重的仪式,下诏改大都路为北平府,设燕山六卫守御,又命徐达、常遇春取山西。洪武二年,又平定了陕西。三年,徐达大败扩廓帖木儿于甘肃,自河州以西,吐蕃、朵甘、乌思藏等西北地区全部归附。

洪武三年,徐达、李文忠等班师还朝,朱元璋亲自到龙江迎接。这年的冬天,朱元璋大封功臣。此前,吴元年(1367年)九月,在朱元璋还是吴王的时候,平定张士诚的大军胜利而归时,朱元璋就有论功封赏之举。当时,他封李善长为宣国公、徐达为信国公、常遇春为鄂国公等等,并给予不同的物质赏赐。称帝后,朱元璋与徐达等人的关系发生了彻底的变化,如何安排功臣令他觉得十分棘手。这其中既有自己与诸位功臣的关系,也有功臣相互之间的关系。朱元璋既要表示对他们的酬劳,又要防止他们内部的纷争。于是,为了表彰功臣的战功,朱元璋在南京鸡笼山上建了一座功臣庙,按功劳的大小排定各功臣的位次。洪武三年的这次分封筹划已久,也十分隆重。朱元璋登上奉天殿,表达自己行赏是仿效古代帝王,是公而无私的。这次封赏,封公的有6人,封侯的有28人,各封爵食不同的俸禄,并赐予铁券和不同的绮帛等等。在洪武十二年、十七年分别因征西、平南而进行的封功之举都不如洪武三年。

大明政权已建立,如何完善和巩固这个新生的政权是朱元璋长期以来一直思考的问题。此时的朱元璋意气风发,期待在自己的治理下出现一个昌盛、富足的小农社会。在多年的征战和反元的实践中,朱元璋深感人才的重要性。他自己对人才也是求贤若渴,对儒生们礼遇有加。每得一城池,必访求耆旧宿儒,问计求策。他知道自己的成功诚然离不开武将的战场厮杀,但也得益于儒士的运筹和韬略。吴元年开科取士,建国后,由于需要大量人才充实各级政权,于是下令在全国范围内开科取士,选拔人才。同时,朱元璋又设立不同层次的学校来培养人才。除科举外,朱元璋又令地方举荐,对有德行、通文艺的,破格擢用。朱元璋对科举考试的内容、文体和行文都有严格的规定。推行"八股文",虽然束缚了个人见解的发挥,但在某种程度上,也为世人提供了公平竞争的机会。朱元璋对科举制度的改革,对封建社会后期的选官制度产生了很大的影响。

明初的农、工、商政策和措施

明朝建立后，朱元璋在各路大军四处征讨的同时，也积极地开展各项建设工作。虽然新政权已经建立，但长期的战乱使田地荒芜，人烟稀少。许多昔日摩肩接踵、熙攘喧嚣的都市如今也呈现出人骨山积、狐兔成群的凄凉景象。朱元璋出身于社会最底层，多年的反元斗争使他深切知道底层百姓的渴望和需求。这就迫切朱元璋迅速采取措施，恢复千疮百孔的经济，发展农业生产。

朱元璋出身农民家庭，深受身边诸儒的影响，农本思想十分牢固。他深知“农为国本”、“民为邦本”的道理，登基后便向全国发布了《农桑学校诏》。洪武元年三月，山东平定，朱元璋诏令免除三年赋税，使不少百姓感激涕零。面对土地荒芜、百姓流亡的情形，朱元璋招募流民，鼓励百姓垦荒，并规定“谁垦荒谁所有”，且垦荒免除三年的赋税徭役。对于社会上游手好闲的人，则采取强制措施，迫使他们从农。对有田不耕、任其荒芜的，则发全家到边地充军。朱元璋还规定，除贵族、官僚之家外，其余人户的奴婢一律释放，让他们归农垦种。朱元璋还一度把垦荒的数目作为考核地方官员政绩的标准之一。总之，朱元璋想最大限度地动员全社会人员从事农业生产。

在就地开垦外，朱元璋还实行移民垦荒，把那些地少人多、无田可耕的窄乡百姓迁移到地广人稀、土有遗利的宽乡从农。除民屯外，朱元璋继续发展军屯。他曾自豪地对大臣们说：“我养兵百万，不要费百姓一粒米。”这话虽然有些夸张，但可以看出军屯在恢复生产和解决军粮方面所发挥的巨大作用。

在民屯、军屯外，明初还有商屯。在封建社会，盐税是国家收支的大宗，几乎占国家赋税的半壁江山。朱元璋让商人缴纳粮食，换取盐引(许可证)，再到盐场购盐行销。商人为了减少开支，往往就地开荒。这在某种程度上对明初农业生产的发展也起到了促进作用。

为保证农业生产，朱元璋还大力兴修水利，多次调动大量人力、物力修建水利工程。到洪武二十八年，全国府州县共计开塘堰 40987 处，开河 4162 条，疏浚陂渠堤岸

5048处。这些水利工程的兴修,为农业生产的发展提供了保障。此外,朱元璋还鼓励农民种植棉、麻等经济作物,大力培植和发展农村副业。棉花的普遍种植,增加了农民的收入。

朱元璋采取的一系列发展农业生产的措施取得了很好的效果。垦田的数目、税粮的收入都增加了。由于社会情况的好转,农民收入的提高,人口也有明显的增长。

朱元璋对商业也十分重视,明朝政权建立前就在某些关口设立抽分所,明朝政权建立后规定凡商税三十税一,违者论处。“三十税一”在封建社会历史上应该算是较轻的税收。为了促进商业的发展,朱元璋命令在应天府三山门外建“塌房”,专门供商人储存货物。同时,铸造钱币,利于商品流通。在明朝政权建立前铸有“大中通宝”;洪武三年,铸“洪武通宝”;洪武八年,正式确定钞法,造“大明宝钞”。虽然钱币在流通的过程中出现了一些问题,但应肯定这是一种进步措施。明初提倡的是一种自给自足的经济模式,把对外商业贸易当作政治怀柔的一种手段,这对明代经济的发展带来消极的影响。

构筑经济、政治支柱

在封建社会,有这样一句口头禅:“有田则有税,有身(丁)则有役。”种地缴粮、成丁服役被看做是天经地义的事情。朱元璋作为封建君王,与其他统治者相比,对百姓要宽厚些,但本质却是相同的。为了供养自己的官员,兴建工程,也要百姓交赋税,服徭役。开国之初,朱元璋就派以周铸为首的164名国子生到江浙地区清查田亩,核实税收。洪武二年,又派人前往履亩清丈。而后,清丈工作在全国陆续展开。清丈后,要绘制田土的图形,编上字号,标注姓名、四至、面积等等。这样的田地图形似鱼鳞,因而被形象地称为“鱼鳞册”。鱼鳞土册是确定地权的根据。

清丈田地后,紧接着就是登记户口。起初实行的是户帖制度。洪武十四年,在户帖制度的基础上,进行了更大规模的人口普查,编制了“赋役黄册”,作为征发赋税和徭役的标准。对那些诡寄田产、隐瞒户口的人户一律从严惩处。朱元璋还把百姓划分为若干职业，根据职业的不同来确定户籍，如民籍、军籍、匠籍等等。不同的户籍承担不同的徭役，世代相接，不许更换，不准逃漏，否则加以惩处。通过这些措施，朱元璋试图让士、农、工、商各安其职，为大明王朝服务，以利于自己的统治。

当朱元璋由农民起义的领袖变为封建皇帝后，也就成为地主阶级利益的代表。所以，他是维护地主阶级利益的，但前提是这些人必须维护、服从他的统治。如任用地主做官，在税粮征收过程中，也多任用地主充当粮长。但当地主阶级触犯、影响到自己的统治时，朱元璋依然采取了打击的措施。对那些为富不法的富户采取了“强本弱末”之术，强制他们迁移，把他们的土地收归国有，这样一来就极大地打击了不法地主的势力，加强了封建王朝的统治。

在维护一个王朝的统治中，法令起着不容忽视的作用。早在为吴王时，朱元璋就意识到这个问题。吴元年(1367 年)，他就开始调动和组织官员制定法律，并在当年的十二月编成了《律令》一书。建国后，在总结自己胜利的原因时，朱元璋认识到法令在其中所起的重要作用。另外，他认为元朝的灭亡，在很大程度上是因为法制不立、纪纲废弛的原因，因而建国后不久就着手对原有的《律令》进行了修改和完善。洪武六年，颁布《律令宪纲》，后又下诏刘惟谦详定《大明律》，篇目以《唐律》为准。后朱元璋发现律条有不当之处，又进行增删、厘定等，到洪武三十年才最后编成。

明代与《大明律》并行的法律还有《大诰》，也称《御制大诰》，包括《御制大诰续编》、《御制大诰三编》、《大诰武臣》等。《大诰》是判案汇编，而反过来它又是判案依据。朱元璋鼓励臣民讲读《大诰》，并作为学校的教材。《大明律》是我国封建社会一部比较完善的法典，与《唐律》同享盛名，对清朝也有很大的影响，甚至影响到当时的日本、朝鲜、越南等周边国家。

朱元璋认为，既然制定了法律，就要严格地执行，以建立一套清明的管理体制。朱元璋的重典治吏在历史上是有名的。因为他认为，治乱世必须用重刑。在常规刑罚外，又有剥皮、凌迟、抽筋等酷刑。洪武九年，发生了明朝建立以来牵涉官员最多的一个大案，这就是“空印案”。明政府规定，每年各布政使司、府、州、县要派管钱粮的官吏到户部呈报本地的收支账目和钱粮数量，各级呈报的数字必须与户部所知的相符。如果不符，就要重新再造册呈报。由于册子必须要加盖地方官印才有效，为了避免麻烦，地方往往在呈报账目的同时，携带加盖官印的空白账纸，以便不时之需。所谓“空印”就是先盖印，后填写。其实这种情况由来已久。洪武九年，朱元璋发现了这种情况，认为其中必有官吏趁此营私舞弊，于是，下令追查。凡是当时主印的官吏及署有名字的人都被捕入狱，多达几百人。主印之官被处死，其余的被发配戍边。

朱元璋严惩贪污的政令屡屡下达，可以说，这对警肃洪武时期官场的风气是有一定作用的，但也有敢以身试法之人。洪武十八年，发生了“郭桓案”。这年三月，有人告发户部侍郎郭桓伙同北平布政司、按察司官员贪污、盗卖官粮。朱元璋听后大怒，下令严查。此案牵连到很多官吏，据史书记载，六部左右侍郎以下的官吏都被处死，逮捕判州处死的有数万人之多。朱元璋对贪官污吏的打击延续了整个洪武朝，也使明初成为官清政廉的一个时期。

在制定法律的同时，朱元璋还制定了许多礼仪法规，用来规范各种社会关系和行为，以维护皇权统治。朱元璋登极伊始，就拟定了一部有关礼制的法典《存心录》。洪武三年，又编定了《大明集礼》，此后又屡次敕礼臣李善长等议论和编辑礼书。朱元璋在位的三十余年，编成的礼书多达十余种，如《孝慈录》、《洪武礼制》、《大礼要义》等。这些礼仪法规对社会生活的各个方面规定的极为详细，大到朝仪之礼、宗庙祭享，小至官员庶民的服饰、官民之间的礼节等都有规定。通过这一系列的礼仪规定，朱元璋既突出了皇权的至高无上，又试图使整个社会井然有序地按自己的规划运转。

身处九五之尊的朱元璋，个人的威权在做皇帝后达到极盛，没有人可以与之争衡。朱元璋的个性、对权力的欲望，使他采取了极度专制的集权统治。

朱元璋占据金陵后的初期，政权机构基本上沿袭前代，有的只不过是改变了一下名称而已。建国后的一段时期内，各项制度基本上是初期政权机构的扩大和延伸。随着时间的推移，朱元璋逐步对中央政权机构进行了强化和革新。洪武九年，改行中书省为承宣布政使司，管理部分地方民政和财政。行中书省原有的地方司法权和监察权另设提刑按察使司掌管，而由都指挥使司管理地方军事事务，并且规定三司直接对皇帝负责。这样一来，地方权力被分散了，皇帝对地方政权的直接控制则得到了加强。洪武十三年，朱元璋宣布废除中书省和丞相，地方奏事直接送达皇上或由新设的通政司转达，后来又在谕旨中明令规定后代的皇帝不许再设丞相的职位。这就彻底解决了封建政权中皇权和相权的矛盾和冲突。朱元璋还对军权进行了改组和分化，把原来的大都督府一分为五，即前后左右中五军都督府。同时实行兵将分离，兵归卫所，将属五府，形成“将不统兵，兵不识将”的局面，消除了军权对皇权的威胁。经过这样的改组，军权被分割而一统于皇帝。

虽然各种大权都牢牢地控制在自己手中，但朱元璋对大臣们还是不太放心。为了监视大臣们的举动，他又设立了锦衣卫。这是一个对皇帝直接负责的机构，具有监察、司法、军事等多种职能，职位虽然不高，但权力很大，六部、五府等都无权过问其内部事务。朱元璋通过这一机构窥察文武大臣的言行，以致大臣们的许多隐私都被锦衣卫特务搜集起来。朱元璋考问宋濂说的就是有关锦衣卫的一个故事。一天晚上，锦衣卫检校报告朱元璋说礼部主事宋濂正在家中宴客，并把整个情形一五一十地报告给朱元璋。生性多疑的朱元璋听了检校的汇报，决定问个究竟。第二天早朝后，朱元璋把宋濂召进殿内，问他昨天晚上在做什么。宋濂随口说没有做什么。朱元璋说：“宋先生最爱读书，难道昨晚破例了不成？”宋濂说：“昨晚喝了两杯，有些醉意，没能看书。”朱元璋接着问，“你一向不喜欢喝酒的，昨天是怎么回事呀？”说到此处，宋濂已经明白了。于是把昨天晚上的事情前前后后、详详细细地告诉了朱元璋，生怕有什么遗漏。朱元璋一听和锦衣卫报告的吻合，这才有所释然，夸宋濂是个忠臣。此后，宋濂做事更加小心了。朱元璋设立的锦衣卫是明代特务组织的开端，对明代的历史有着不小的影响。

翦除皇权的潜在威胁——诛杀功臣

朱元璋在开国之初，对一同打天下的文臣武将是礼遇有加的，不仅分封公侯，而且给予他们许多特殊的权利，如可以拥有部曲、义子和大量的奴仆。于是，这些文臣武将成为王朝的新贵。但随着政权的稳固和年事的增高,朱元璋对功臣们的猜疑之心也与日俱增。功臣府邸也成为锦衣卫特务的侦察范围,不仅如此,朱元璋为了消除功臣宿将对大明政权的威胁,还大兴狱案,杀戮功臣。

洪武十三年,中书丞相胡惟庸因结党谋反而被诛杀。胡惟庸是定远人,洪武六年拜右丞相。十年,进为左丞相。胡惟庸结党营私,贪贿弄权,这样的结局也可以说是罪有应得。洪武十三年时,受此案牵连的人还不多。但十年以后,洪武二十三年由李善长之死再次引发的胡案却牵连到许多功臣,甚至是已故之人。朱元璋亲列胡惟庸罪状,并有《昭示奸党录》布告天下。经过此案,明初的大批功臣在此案中或被杀、或被废,还有的被放回家乡。二十五年,太子朱标去世,朱元璋立自己的孙子朱允炆为皇太孙,接替自己的皇位。考虑到朱允炆的文弱和年幼,为了稳定局面,防止功臣们功高震主,朱元璋决心对位高权重的功臣再来一次打击。二十五年八月,朱元璋借勾结胡党为名,处死了蓝玉的姻亲叶升。对此,蓝玉深感不安。洪武二十六年一天的早朝后,锦衣卫指挥参奏蓝玉谋反的种种罪状。朱元璋遂以谋反的罪名当场逮捕了蓝玉。朱元璋借蓝党为名,对军队中的中、高级将领来了一次大换血。在他看来似乎只有这样,才能保证自己驾崩后,皇太孙不受这些资深望重的将领的挟持和威胁。由于蓝案的株连蔓引,在前后不到两个月的时间内,数万人因此被杀。后人常把"蓝党之狱"和"胡党之狱"合称为"胡蓝之狱"。

"胡蓝之狱"是明初朱元璋时期的两大要案,被诛杀的文臣武将达 4 万多人,延续十多年。"胡党之狱"是朱元璋为消除胡惟庸的权势,加强专制主义统治的一种体现。"蓝党之狱"更重要的恐怕是朱元璋想以自己的诸子来代替异性公侯,着眼于未来政局的一种举措。

长眠孝陵

朱元璋在 1366 年~1386 年间,为了保障都城南京的安全,征调了大批的人力、物力,在南京构筑了内外四重城垣,尤其以内郭城的工程量最大,它是当时世界上最长的城池，历经600多年的风雨，今天仍矗立在世间。朱元璋在修筑城墙的同时，还选择了钟山之阳的独龙阜作为自己百年之后的长眠之所，并在生前进行了大规模的修建，这就是今天南京东郊的明孝陵。明孝陵的宏伟规模和创新规制在我国的帝王陵寝史上是值得一提的。明城墙和明孝陵都体现了古代劳动人民的聪明和才智。

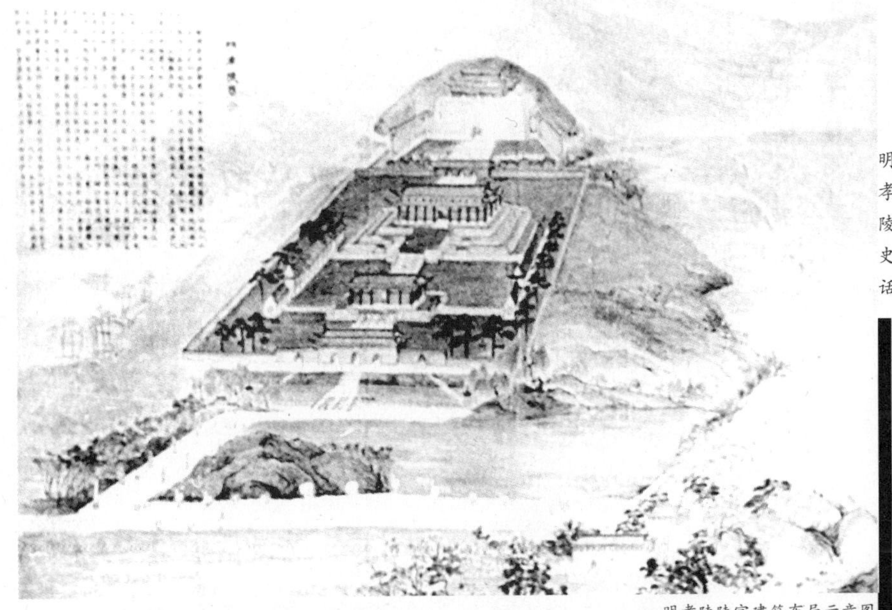
明孝陵陵宫建筑布局示意图

在历史的长河中，人的一生如白驹过隙。生老病死是自然规律，身为一代帝王的朱元璋也不能例外。雄才大略的朱元璋晚年既不相信臣僚们的忠诚，也担心儿孙们的能力，试图把自己的身后事都安排妥当，但历史的发展确实和他开了个玩笑。他分封儿子们来代替异性王侯藩辅嗣君的初衷被现实无情地粉碎了。朱元璋临终之时，虽然对燕王朱棣有所顾虑，但已经是为时太晚。洪武三十一年（1398年）闰五月初十日，朱元璋怀着无比的不安和顾虑离开了人世，埋葬在明孝陵。朱元璋死后不久，分封到北平的第四子朱棣就以“清君侧”为名，开始了对皇位的争夺战。

金陵帝王州

明朝在中国社会发展史上处于一个关键的地位，它是中古向近代转化的一个时期，是一个承上启下的朝代，它承继起前朝多民族的社稷，奠定了清初的辉煌，而这个朝代的开国元勋就是明太祖朱元璋。

钟　山

1368年，朱元璋开创明朝，建都于应天府，以开封为北京，以应天府为南京，由此，长江下游的这方包藏“王气”的宝地，有了南京的名称。

南京居民衍生的历史，可以追溯

到35万年以前穴居汤山岩洞中的南京猿人。从公元前472年越国大夫范蠡筑越城算起，南京至今已有近2500年的建城史。此后，孙吴，东晋，南朝的宋、齐、梁、陈，南唐，明，太平天国以及中华民国相继建都于此。因此，南京被称为“六朝古都”、“十代都会”。南京的城市名称繁多。据史载，仅历代县以上建制的名称就有金陵、秣陵、扬州、丹阳、江乘、湖熟、建业、建康、江宁、白下、集庆、应天、天京等40多个，这在世界各国古城中也属罕见。名称多变，反映了建制演变的频繁和城市盛衰的曲折历程，也为后人留下了众多的文化遗产。

南京的历史文化遗产大多荟萃在东郊的钟山，这一带布满着众多的历史痕迹，积蕴厚重。战国时，楚威王灭越国后，曾在钟山掘土埋金，以镇“王气”，所以那时钟山叫金陵山，这是目前所知的钟山最早的名称了。到了汉代，因风水先生说此山为王气所“钟”(汇聚)，于是便有了钟山之名。孙吴时，因避孙权祖父孙钟之讳，以东汉末年战死在钟山的秣陵县尉蒋子文之姓改名为蒋山。东晋初，元帝渡江时，有一风水先生称山上有紫气萦绕，因此得名紫金山。其实，这“紫气”可能是山巅的紫红色页岩在阳光的照射下所呈现的光彩。后来，钟山名称又有几次变易。在南朝时因山在城北面，曾被称作北山。到了明朝，由于明太祖葬在这里，所以又改名神烈山。至今在钟山南麓还竖立着一块明朝明嘉靖十年(1531年)立下的神烈山碑。

由此看来，南京的古邑名“金陵”是从“金陵山”那里“挪用”得来的，而“金陵山”之称呼，又是源于所在地南京包藏王气，需埋金镇之的缘故。“金陵”的来历演绎出“王气”二字。翻开史书，南京地势包藏王气的说法还真有其历史，不仅楚威王担心这里要出帝王而埋金镇之，相传秦始皇也曾埋金于金陵，并且还干过另一件与王气有关的事。相传，秦始皇统一全国后，有一次出巡途经金陵，几个陪同的风水先生见金陵四周山势峻秀，地形险要，就对秦始皇说：“五百年后金陵有天子气。”秦始皇一听大为不悦，命人开凿方山，使淮水流贯金陵，把王气泄散。这条遵秦始皇之命而引来的淮河之水，便是后来享誉天下的秦淮河。秦始皇除了开河放水冲王气外，还将“金陵”改为“秣陵”。秣，是草料，意思就是这里只不过是牧马场罢了。

虽说秦始皇不让用“金陵”名称，无奈居住在这方土地上的百姓忘不了“金陵”二字。想想看，南京历史上40多个称呼，只有南京和金陵延用至今，不为别的，实在是因为“金陵”这名字太美、太雅了，既像钟山一样清俊，又像扬子江一样秀丽。我们真该感谢祖先为这方好山好水起了个这么好听的名字，这是南京人值得骄傲的一笔文化遗产。

据史料记载，金陵地处北纬31°14′~32°37′，东经118°22′~119°14′居全国东南，位于长江下游，北控中原，南制闽粤，西扼巴蜀，东临吴越，据长江流域之沃野，控沿海七省之腰膂，所谓“龙蟠虎踞”、“负山带江”是也。

说到“龙蟠虎踞”，又透出些王气的味道来。相传在三国时期，诸葛亮为了联吴抗曹，出使孙吴，其间曾登临石头山（今清凉山），俯瞰秣陵景色。他看到钟山与石头山遥遥相对，俨然如两座天然城堡，扼守着秣陵门户，不禁赞叹道：“钟阜龙蟠，石头虎踞，真帝王之宅！”自从诸葛孔明发出这番感慨之后，“龙蟠虎踞”就成了金陵的象征，钟山也因此名闻遐迩。

江南名山——钟山

钟山在古代被誉为江南四大名山之一。据唐朝《地理志》记载：“江南道，其名山衡、庐、茅、蒋。”这里的蒋山就是钟山。钟山地处北纬32度，属于北亚热带，年平均气温为摄氏15°7′，气候温和，自然生态环境优良。唐代大诗人李白在《金陵歌送别范宣》一诗中写道：“钟山龙盘走势来，秀色横分历阳树。”在李白看来，钟山不但山势雄美，连林木也是秀色可餐。元代蒙古族词人萨都剌在《满江红·金陵怀古》中也有“蒋山青，秦淮碧”的词句。可见，钟山自古就是一片郁郁苍苍。

钟山是宁镇山脉的最高峰，山脉呈弧形，开口朝南，东段东南走向，止于马群；西段成西南走向，余脉延伸为富贵山、覆舟山（小九华山）、鸡笼山（北极阁）、鼓楼岗、五台山，止于石头山(清凉山)。这么绵长的山体在很久很久以前却是条大江，是经沧桑之变，由深谷变为山峦的。约在一亿五千万年以前，这一地域发生了剧烈的地壳运动，岩层受到水平力的挤压，产生了强烈的抬升以致断裂，从前呈水平状的岩层断裂后由北向南倾斜，于是，就从地面上升起了一座“山”，并形成了南平北险的态势：南坡平缓，多泉水树木；北坡雄峻峭拔，多胶结成块的砾石。这条峭壁沿着山脊逶迤而行，构成了一条蟠曲起伏的卧龙。龙的头部为钟山北高峰，龙脖子在白马石刻公园附近的明城墙拐弯处（这一带至今称龙脖子），龙身绵延于富贵山、覆舟山、鸡笼山等钟山的余脉上，龙尾甩至石头山。无怪乎古人选择南京建都时，以东面的钟山作龙山，视其为金陵的“龙脉”。

钟山有三座山峰，主峰居中，名叫北高峰，海拔 449 米；东峰称小茅山，海拔 366 米；西峰称天堡山，海拔 244.5 米。三峰耸立，东西排列，体现出“华盖三台，尊极帝座”之势。主峰之阳向南微凸，东西两侧及前面有峡谷山溪和小湖泊相绕，谷水环抱

明孝陵所在地独龙阜

山梁，东侧流进“落叉池”（民国年间扩建为紫霞湖），西侧注入“洗钵池”（今已无存）。“龙头”之下低垂着独龙阜玩珠峰（主峰下延伸出来的一个山丘），有如蟠龙戏珠，或曰龙嘴吐球，更有“八功德水出焉”。这一背景营造出钟山之阳神秘而崇高的意境，从而成为千百年来王者安息之地。

王者的安息地

钟山作为江南四大名山之一，为一代又一代的王者选择归宿地提供了理想的场所。

早在三国时代，诸葛亮、刘备、孙权等人物，就将钟山视为金陵的“龙脉”所在。吴大帝孙权去世后，便安葬在钟山南麓今日叫做“梅花山”的土丘上。这是目前所知最早的一位王者在钟山落下户头。历史上这里曾被取名为“孙陵岗”，也称“吴王坟”，虽然名字不好听，但说明钟山的阴宅是有其历史的了。据史书记载，这里还有孙权的前妻步夫人及宣明太子孙登的坟墓，但现在都已无迹可寻了。

到了东晋，钟山以及它的余脉在百年晋史中，竟承载起九位帝王的陵墓。东晋11位帝王中，有元帝、明帝、成帝、康帝、哀帝、简文帝、孝武帝、安帝、恭帝选择了在这条山脉之阳建筑阴宅。那时的帝陵不起坟，是名副其实的阴宅。据推测，它们的位置应该从现在的鼓楼岗向东一直排列到钟山西麓，因为越往东移，离城越远，越为后来者所安居。1960年，南京市文物保管委员会在钟山西段余脉富贵山南麓发现了晋恭帝玄宫石碣，上刻“宋永初二年太岁辛酉十一月乙巳朔七日辛亥晋恭皇帝之玄宫”26字，据此推测，石碣去玄宫（墓葬）当不会太远。1965年，南京博物院于晋恭帝玄宫石碣以西400米山麓，发现了一座较大的墓葬。从这座墓的结构，出土陶器、青瓷器等随葬物的形制，墓葬所处的位置以及尊者居右的习俗来推断，该墓可能属于东晋帝室陵寝，墓主入葬时间当早于晋恭帝。

到了南朝的梁武帝时代，萧衍皇帝和高僧宝志（即济公和尚原型）也看中了钟山这块“风水宝地”。宝志可是个人物，即使不是帝王，也称得上“僧王”了。梁武帝是虔诚的佛教徒，尊宝志为师。一日，梁武帝与宝志登钟山定林寺，宝志手指其旁的独龙阜说："地为阴宅，则永其后。"梁武帝问："谁当之？"宝志答："先行者当之。"天监十三年(514年)，宝志圆寂，梁武帝感其遗言，用二十万铜钱买下独龙阜葬之。按照"排排坐、吃果果"的游戏规则，从东晋最后一位帝王晋恭帝的阴宅所在地(钟山西麓富贵山)再往东排，也该排到这处位置了。

梅花山

到了明朝，朱元璋来了。他看中了宝志和尚的那块墓地。朱元璋是一位不愿遵守规矩的王者。他仗着大明王朝家大、业大、权大、势大，花钱将宝志墓沿着山脉向东移到现在的灵谷公园一带，并给宝志修了一个更大的寺庙。然后圈地，将钟山的大片土地变为自己的皇陵禁区。朱元璋还将钟山背面那些朝阴的地盘，赐葬给他手下的十三位开国功臣。这既表达了恩赏之意，又将功臣们拢在皇陵周围，好世世代代拱卫着朱家的阴宅，可谓用心良苦。

从那时起，过了约530年，辛亥革命的领导人孙中山也来到这里，"向国民乞此一抔土"，选钟山为自己的最后归宿。这里面除了钟山的风水因素外，还隐含着孙中山对明太祖的仰慕与敬重。孙中山和朱元璋在各自的革命斗争中，都曾高举"驱除鞑虏，恢复中华"的旗帜，他俩的思想感情是一脉相承的。就在清朝宣统皇帝宣布退位后的第三天，孙中山率领中华民国临时政府的文武百官赶赴明孝陵，祭告明太祖。一篇激情切切的祭文，将清室退位、民国建立的伟绩，与朱元璋灭元兴明（也就是由汉人统治）的勋业联系起来。孙中山愿与明太祖结庐终老的念头由此铸成。

孙中山的陵墓排列在朱元璋陵墓的东侧，周围也安置了一些民国要人的墓，如廖仲恺墓、谭延闿墓、范鸿仙墓、韩恢墓、邓演达墓、叶恭绰墓、戴笠墓等，这些墓都是经王者点头赐予才在钟山落户的。

还有一个"王者"的墓得说一下。这就是汪精卫墓。汪精卫太不识相，在那种穷途末路的情况下，还将自己的陵墓安置在钟山第一个帝陵孙权的梅花山上，可谓眼光既太短又太贪。一年后的工夫，蒋介石回来了。他一夜之间就把汪墓炸了。汪墓的下场，也许只能怪这个"王者"的非正统吧。

说到蒋介石，还得提一下他的归宿。1945年，蒋介石挟抗战胜利之余威，还都登临久别八年的钟山，"甚喜钟山形胜"，遂选取明孝陵与中山陵之间的紫霞胜境，作为自己百年后的安息之地；更建正气亭为标志，以壮观瞻。然而，在中国人民解放军占领南京后，蒋介石退守台湾，他的愿望最终未能实现。

朱元璋选陵址

明代皇宫离钟山只有一墙之隔，一抬腿就能游历钟山。朱元璋曾作有一首《与四辅游东苑》的诗，"四辅"指辅佐他署理朝政的几位近臣，或许就是李善长、徐达、刘基、宋濂等人吧。诗中写道：

踞龙蟠虎肇豪英，五色卿云炫日明。
王气莹然垂景象，民风乐耳见升平。
山河百工金陵最，宇宙千秋帝业成。
暗忆六朝兴替事，祯祥未尽又加祯。

不知是朱元璋粗心还是故意，别人都说“虎”是“踞”的，“龙”是“蟠”的，他却说“龙”是“踞”的，“虎”是“蟠”的。但诗里要表达的意思还是很耐人寻味的。诗中讴歌英雄成帝业，赞美金陵王气，国泰民安，字里行间流露出他争霸天下的豪气，也流露出他踌躇满志的心境。然而，最后诗句里的一个“暗”字，却透露了他的心事：六朝兴亡的历史，走马灯似的改朝换代，骨肉之间的相残，一一涌上他的心间，使他心惊肉跳。因而，朱元璋更加认识到巩固政权的重要。为使朱家天下世代延续，朱元璋可谓呕心沥血。

朱元璋的儿子朱棣在“大明孝陵神功圣德碑”上赞誉父亲“审天象，作地志”，可见朱元璋并非一介武夫，而是个上知天文、下知地理、又讲风水、又念江山的帝王。别忘了，朱元璋曾混迹于佛门，天地神灵、阴阳风水、生死轮回等观念都会给他一定的影响。他在登基之初，曾在金陵南郊设坛参拜天地，祭祀神灵，祈求保佑帝祚久远，国运昌盛。自然，在建造帝陵这件“终身”大事上，他更会抓住这一契机，注重陵址的选择，以求一处万年吉壤来造福子孙后代。这件关系到帝业承嗣的大事，在洪武初年就已经着手运作了。

平日里，大臣们陪同朱元璋游历钟山，对皇上的心理活动了如指掌。君臣在郊游中，指点着钟山的形胜，交流着内心的感受，传递着天地的气息，酝酿着风水的走向，以致在重大事情上于消遣中就能达到一种默契，形成一种共识。《葬书》中讲，人死后，如果将尸体埋在藏风聚气的“风水吉壤”之中，就可以使尸骨在地下“乘生气也”。待骨骸“得气”之后，既可以使死者按照生前的愿望投胎转生，迎接美好的来世，又可福及后人，使他的子孙人财两旺、富贵长久。因此，必须想方设法保护好这种“生气”。这种“生气”的特点是乘风则散，界水则止。相地者就是勘踏、选择那些既有群山环绕，又有清澈河流，能够“藏风聚气”的优美环境，使生气“聚而不散，行之有止”。

据传，洪武初年，朱元璋招集精通阴阳五行之术的谋士刘基，以及开国重臣徐达、汤和等人，亲临钟山为自己选择陵址。他们踏遍钟山，先“觅龙”，就是勘踏、选择陵墓所依的山川形势；再“察砂”，就是在觅龙捉脉的同时，勘踏评价主山（又称后龙）前、后、中、左、右有关风水格局的阜丘和山脉；然后“观水”，就是勘踏、观察陵域之内大小河流的分布形势;最后“点穴”,就是根据四周的风水环境确定阴宅的最精确的位置,包括朝向。待到表决时,各人书写陵址藏于袖中,后取出一对,不约而同都写了“独龙阜”。于是,钟山之阳的这个名叫独龙阜的山包就与朱元璋结下了不解之缘。

独龙阜是位于钟山主峰之下的一个土丘,高度约70米,直径达三四百米,其模样像一座巨大的天然坟茔。要是将墓穴设在这里面,那真算天赐了。再从独龙阜往四周观察一番,其东面和西面各有一条山脊,东面的称龙砂,高90多米,西面的是虎砂,高约90米;南偏西为前湖,水面开阔,湖波荡漾,呈“朱雀翔舞”之象;北部有低垂于钟山主峰下的玩珠峰,高近百米,合“玄武低首”之求,这东、西、南、北四者就象征青龙、白虎、朱雀、玄武四象。再往前看,正前方有高度为50来米的梅花山作“前案”,更远处有天印山(方山)呈俯伏拜揖之状,表示“远朝”,独龙阜的东北有“冠带水”顺着山沟向西南潺潺流淌,可保王气聚而不散……独龙阜实为一天造地设的风水宝地。

从独龙阜及周边的地形、地势、地貌来看,朱元璋选择独龙阜作为陵址,是以中国古代传统的“风水学”理论为依据的,即“左(东)青龙,右(西)白虎,前为朱雀,后为玄武”,继承了孙吴以来历代定都南京的王者和堪舆家的风水理念。将建成的孝陵放入选定的地理环境中,再来审视这一“天人合一”的杰作,就更能感受其传统文化内涵的丰富:孝陵所在,山清水秀,起伏跌宕,北面以东西延绵的钟山为依靠,陵宫处于最高的中峰之下,周围山水相绕,给置身于其间的陵寝建筑营造了拱卫、环抱、朝揖之势,使孝陵的人文景观与自然景观高度和谐,堪称中国传统文化、建筑艺术和自然环境相结合的典范。

自从明初朱元璋有意将钟山之阳作为自己的陵寝后,这一地带就成了实际上的禁区,谁也别再想打它的主意了。翻阅历史,从洪武元年以后,钟山之阳就没有葬入过任何王公大臣。明朝开国功臣死后够资格的顶多赐葬于钟山之阴,如洪武二年八月,朱元璋诏命葬开平王常遇春于钟山之阴,洪武三年赐葬蕲国公康茂才于钟山之阴……以致陆续葬入钟山之阴的开国功臣达十三位之多,这就够开恩的了。这些开国功臣生前与朱元璋出生入死打天下,死后才能享有这一皇恩。虽说是钟山之阴,再阴也是在同一座山里,只是君臣关系将他们分为山前山后罢了。

虽说朱元璋看中了的地方谁也别想再进来,但是早先就在这片山林里落户的定居者又该怎样处置呢?

迁移宝志墓

虽然朱元璋选中了钟山之阳的独龙阜作为自己的陵墓所在,但独龙阜的阴宅门户早在八百年前就有了主了。这就是南朝梁武帝的老友——高僧宝志。

宝志生于南朝宋元嘉十三年(436年),据说是生在金陵郊外(今栖霞区东阳镇)的一株大树的鹰巢中。有一个姓朱的妇女去井边打水,听见树上有小儿啼哭,就抱回去抚养。所以宝志姓朱,后人把他描绘成长着一双鹰爪的异人。

宝志7岁时出家到钟山道林寺当和尚,中年以后,常常散发赤脚在街上行走,手拄铁杖,杖上悬刀、尺、拂、镜等,后人附会解释说——刀(齐)、尺(量)、拂(尘)、镜(明),就是他预言后来建都于南京的齐、梁、陈、明等朝代。所以宋朝宰相李纲曾写诗称赞道:“宝公真至人,鸟爪金色身。杖携刀尺拂,语隐齐梁陈。”

宝志生前与梁武帝交往甚多,颇得武帝尊敬。天监十三年(514年)十二月,宝志坐化于华林园佛堂,享年97岁。梁武帝将他葬在钟山独龙阜,梁武帝的女儿永定公主也捐钱为他建造了一座五层宝公塔。第二年,梁武帝又在塔前为宝志建了一座开善寺。

宝公塔是古代钟山的一处名胜。善男信女到这里来焚香卜筮,文人墨客来此游览赋诗,终年游人不断。元代胡炳文在游记中说:当时的钟山“径狭荒芜,游客罕至,独拜塔者累累不绝”。

宝公塔前的开善寺,是古代钟山70多所南朝佛寺中惟一留传至今的寺庙。真是应了当年宝志说的那句话“地为阴宅,则永其后”。从古书上可知,钟山早在晋代就有了佛寺。到了南北朝时期,佛教在我国盛行,唐代杜牧有“南朝四百八十寺,多少楼台烟雨中”之语。钟山此时则成为金陵佛寺的集中地。据《太平寰宇记》记载,钟山“自梁

明孝陵风水形势示意图

以前，立佛寺七十所”，可见当时寺庙之盛。这些佛寺中最大的是梁武帝为追荐其父于钟山主峰所建的大爱敬寺。此外，著名的寺庙还有定林寺、开善寺、草堂寺、白云寺、道林寺、万福寺、灵味寺、延贤寺、飞流寺、云居寺、兴皇寺、定岩寺、钟山寺等等。但是，这些名寺除了开善寺改头换面保留下来外，其余都已烟消云散了。究其原因，一是佛教自身有盛有衰，二是历代兵燹迭生，三是朱元璋营建陵墓时，把大部分山林划为禁区，使历史文物古迹毁灭大半，以至于今天钟山上已很难看到明朝以前的建筑物了。2002年，考古专家在明孝陵陵宫东侧发现了一处建筑遗存，清理出几块具有六朝风格的建筑石刻构件，构件呈正立方体，高、宽约一米，四面都装饰着建筑浮雕图案。据勘测，这处遗存可能就是南朝梁武帝为宝志和尚建造的江南名刹开善寺。

宝公塔

开善寺落成于梁朝天监十四年(515年)，唐朝乾符年间改名宝公院，南唐时又改称开善道场，北宋时则改名为太平兴国寺。由于王安石把钟山的一些小寺并入该寺，所以它就成为当时钟山上规模最大的一座佛寺。元代的胡炳文在游记中描述该寺时写道:“弘丽视半山(指王安石捐的半山寺)百倍,龛镂壁绘,光彩夺目,诡状万千,两庑级石而升四五十丈,始至宝公塔。”元末明初时称蒋山寺,到了明洪武九年(1376年),朱元璋为了给自己建陵墓,派亲军把蒋山寺从独龙阜迁到钟山之阳的紫霞洞南。新寺快完工时,有风水先生说新寺与皇陵相距太近,有分“气脉”,不利于皇上的陵墓。于是,朱元璋再命丞相李善长另择一处可容千僧的寺址。结果又将寺址向东迁移,一直移到“东岗”,就是现在的灵谷公园所在地。

民间传说在拆除宝公塔的时候,挖出了宝公的遗体,只见他屈膝盘坐在两只对合的莲花缸内,真身不坏,头发披身,指甲缠腰,容貌如生,军士无法抬起。朱元璋得知后十分诧异,亲自来宝公塔卜筮,求得一签,上面写道:“世界万物各有主,一厘一毫君莫取。英雄豪杰自天生,也须步步循规矩。”阅后,朱元璋领悟,知道得罪了大师,于是他又是赔罪又是许愿,答应用金棺银椁厚葬宝志,还答应为他建造一座更大的寺庙,赐田三百六十顷奉香火,让寺僧时时祭祀他,这才搬动了这位大师。

灵谷寺

朱元璋当然真佛面前不敢烧假香,宝志和尚的新墓塔和更大规模的佛寺都承诺办理。寺成后,朱元璋赐名“灵谷禅寺”,并题书了“第一禅林”四字,刻匾悬于寺门。为何取名“灵谷”呢?朱元璋在灵谷寺新建时写的《游新庵记》一文中说:“钟山之阳有谷,谷有灵泉,曰八功德水。”他在《御制大灵谷寺记》中又说,灵谷寺的地形是“左群山右峻岭”间的一片谷地。可见“灵谷”二字的含义——“灵”是指当地一股被认为有灵性的泉水，即八功德水；“谷”是指地形而言。

明代的灵谷寺占地五百亩，供养了一千多名寺僧，其范围南抵孝陵卫，北接明孝陵的皇墙，规模可谓宏大。寺内的主要建筑有：金刚殿、天王殿、无梁殿、五方殿、大法堂、律堂、宝公塔等。寺东北还有一座宏伟壮丽的大宝法王殿，是明成祖为西藏活佛哈立麻所建的殿宇。寺的两侧还有方丈室、静室、钟楼等建筑。寺内还有148间画廊，绘制各种姿态的佛像壁画。这些建筑除无梁殿保存至今外，其余都已成为如烟往事了。清同治六年(1867年)，曾国藩在无梁殿东侧建造龙神庙，共造山门、正殿、客厅、僧房、斋堂、厨房等25间。光绪年间，又陆续修建了宝公塔、金刚殿和天王殿。1928年，国民政府决定就灵谷寺址筹建国民革命军阵亡将士公墓，灵谷寺原有的佛像全部并人龙神庙中。此后，龙神庙就称为灵谷寺并一直延续到现在。如今，灵谷寺寺门对面有照壁一堵，上书“宝志禅师应化真身道场”十个字，似乎在提醒世人：这里本是一座祀奉宝志的千古佛寺。

那么宝公塔今何在？自从光绪十三年(1887年)在灵谷寺律堂(今松风阁址)后重建了一座新的五层宝公塔后，安定了约半世纪。民国后建阵亡将士公墓，因宝公塔位于公墓的中轴线上，再次迁塔。1935年拆除宝公塔时，挖得一小棺，外椁已经腐朽，棺内有一石函，内贮陶钵一只，钵内藏宝志的佛牙、舍利(遗骨)，另有石碑一方，上镌明洪武十五年礼部尚书刘仲质撰的迁葬记。当时重做了一个石棺，把石函、陶钵、佛牙、舍利等一同迁葬于今日松风阁的西侧。新的宝公塔始建于1937年，因抗战爆发，工程被迫中止。1941年10月由汪伪南京市政府募资完工。“文革”动乱中宝公塔遭到破坏，宝志的佛牙、舍利被随意抛弃，1981年重新修复。

营建孝陵

在中国的上古时代，人死之后埋在地下，上面“不封不树”，不留任何标记。后来，随着礼制的变化，逐渐形成了“筑陵以象山”和“因山为陵”、“依山为陵”的风尚。朱元璋为自己营建陵墓就采取了“依山为陵”的做法。

明洪武十四年(1381年)九月,朱元璋在钟山之阳洒酒奠基,开始了兴建帝王陵墓的工程。这一年,他54岁。

明孝陵建筑工程是在朱元璋的直接参与下进行的。整个工程规模十分浩大,仅陵园四周筑成的皇墙就有45华里,几乎把钟山全部包括在内。朱元璋为此耗费巨资,并动用“十万军工”,其中被俘的元朝士兵就有3万多人参加劳役,此外,还从各地征调大批民伕和犯人。负责山陵营建的主要部门是朝廷六部中的工部。但工程实在浩大,事务千头万绪,施工人员繁杂众多,其间有兵士,有民伕,有囚犯。于是,朱元璋下诏各部抽调能人,配合工部修建陵墓。据记载:“凡陵工兴建,敕武职大臣一员、工部堂上官一员,总督工程;礼部堂上官一员,总拟规制;兵部堂上官一员,总督官军。科、道官各一员,监视。仍于各衙门选取才干官一员,协同工部堂上官兼理工程。又请敕内官监官二三员,提督工程。”在这些官员中,陵墓工程的总负责人是朱元璋的同乡、中军都督府佥事李新。由于营建山陵劳苦功高,开工后的第二年,朱元璋就封李新为崇山侯,享受丰厚的俸禄——年一千五百石。

李新是濠州人,他跟从朱元璋渡江,屡建战功。战龙湾,朱元璋授予他管军副千户;取江陵,晋升为龙骧卫正千户;克平江,提拔到神武卫指挥佥事;调守茶陵卫属,官至中军都督府佥事。洪武二十二年,又奉命于鸡鸣山改建帝王庙。李新是个“有心计”的人,他将做官视为“画”——好看而已。修建帝王庙的第二年,他就告老还乡了。当时朱元璋还赐给他金帛田宅。可是没想到才过五年,也就是朱元璋临死的前三年,朱元璋却找了个理由(蓝玉党案),把李新给杀了。

洪武十五年(1382年),明孝陵经过一年的突击,浩大的地下玄宫建造工程告一段落。同年九月,朱元璋的原配妻子皇后马氏病逝,于是就先葬入墓穴。马氏死后,封谥号为“孝慈”,因此,朱元璋就将这座正在营建中的陵墓命名为“孝陵”。

又过了一年,洪武十六年(1383年),孝陵享殿落成。这是一座木质结构的高大殿宇,使用了大量的名贵木材(如金丝楠木),装饰富丽堂皇,突出了享殿供奉神主的重要地位。更令人惊奇的是,前后只用了两年时间就建成了这座拥有三层石造须弥座台基、面阔九间、进深五间的巨大建筑。不说别的，单就五十六根粗大的直径在1米左右、高10米左右的金丝楠木顶梁柱而言，要从南方深山老林里找到，砍伐并运回南京，其工程的难度令现代人都望而生畏。何况还要把它雕成金龙鳞爪，树起来，支成殿宇。在这奇迹的背后，固然有朱元璋用兵神速的影子，更铺垫着大批劳役苦工的鲜血和白骨。

古代重要建筑落成后，也搞庆典之类的活动。明孝陵享殿落成的这一天，朱元璋命皇太子朱标杀牲设酒致祭。“清晨，陈祭仪毕，皇太子、亲王由东门入，就殿中拜位。皆四拜。皇太子少前，三上香奠酒，读祝曰：园陵始营，祭享之仪未具。今礼殿既成，奉安神主，谨用祭告。”随后，行大礼，再三举杯洒酒于地，皇太子以下又四拜，在场执事行礼的都是宫中太监。

从陵墓开工的头两年看，工程进展相当顺利，一年一个模样。头一年葬入马皇后，第二年建成享殿。此后，陵墓工程项目一个接一个地建造，但速度明显放慢。在朱元璋生前，大体完成了下马坊、大金门及外郭城、方城、明楼、宝城以及神道石象生等单体建筑。

为了让这些建筑坚固结实，防水防火，建造中均用石造须弥座做基础，墙身用巨石或城砖砌筑，挑檐也为石造。所用石料大部分采自南京附近的青龙山、大连山、阳山。采石工作异常繁重，特别是神道石象生，个个由整块石料雕成，形体庞大无比，如立象高3.47米，长4.21米，宽2.16米，按照实际体积计算，原材料至少重80吨。采石之难，可想而知。采石艰辛，造砖也不易。当时指定周边各府、州、县烧制城砖，制定标准，统一规格。为保证质量，城砖上往往还印上烧制的府、州、县及工匠和监造官员的姓名，如不合格，一律退回重做，再不合格就将治罪。

朱元璋在决策建陵大事中，也表现出某种大将风范，不拘泥于传统的条条框框。当初，有人提议把位于陵宫正南方的吴王坟（今梅花山）铲平，好铺设一条笔直的神道。朱元璋没同意，他认为孙权是条好汉，留着给自己守门。因此，吴王坟被保留下来，而神道却绕了一个弯子。关于这个“弯子”还有其他说法，比如说，跟北斗七星布局有关；再比如说，那个土丘是陵寝建筑前的“近案”，哪有把近案搬走之理。但不管

明孝陵建造场景

怎么说，都别小看了这个“弯子”,它现在已作为孝陵规制的创新与特点而被载入史册。

洪武三十一年（1398 年）,朱元璋病逝，当年入葬孝陵。在这之后，孝陵工程并未因安葬了朱元璋而停止，建文（1399~1402)、永乐（1403~1424)年间，局部工程仍在进行。但是孝陵整体框架应该说在朱元璋病逝前就已经具备。按照“居中为尊”、“皇权至上”、“尊卑有别”、“统绪嗣承有序”的传统程式，作为明朝第一代开国皇帝朱元璋的陵墓，落在了钟山主峰南麓的风水主轴线上，从横向看，其东面是长子朱标的陵墓，西面是殉葬的嫔妃墓；从纵向看，由下马坊至棂星门是作为导引的神道设施，由御河桥至宝城是陵墓的主体陵寝建筑。

永乐二年(1404 年)十月，明成祖朱棣为了笼络人心，稳定政局，以孝子的面目出现，准备为安葬在孝陵已六年的父亲朱元璋增建碑亭，树碑立传。在这种心态下，朱棣一味要求石碑的规格愈大愈好。永乐三年，开采碑材的地点确定在南京汤山的阳山之巅。这年八月，工匠们进山开采，一直到第二年五月才停工。在这9个月的时间里，工匠们开采出三块石材，分碑座、碑身、碑额。碑座石材13×13×16立方米，碑身石材45×4.4×10.7立方米，碑额石材15×8.4×10.7立方米。三块石材，除碑额石材四面与山体脱离外，其余两块石材均有一端仍与山体相连。如果将这三块石材叠起来，其高度约达73米，重量超过3.1万吨，可谓中华奇观，世界之最。

在这短短的9个月工期里，工匠们付出的劳动量之大是显而易见的。据说劳工们每天的定额为每人交验打下的石碴3斗3升，完不成者一律处死。即使不被处死，伤死、累死于山麓的也有成千上万人。至今南京汤山阳山南坡下的村庄仍名为“坟头村”。

可是这块颇能体现朱棣野心的阳山碑材，最终还是没用而弃于原地。原因何在？很简单，无法运输。在客观规律面前，朱棣不得不接受阳山采伐碑材的教训，后来决定在靠近长江、便于船运的龙潭取石。永乐十一年，一座名为“大明孝陵神功圣德碑”的庞然大物，树立在陵园大门内的正北面，石碑通高8.78米。不过与阳山碑材相比，只是十分之一，可毕竟是南京地区规模最大的碑刻了。所以，专家们一般把永乐十一年作为孝陵工程全面完工的最终时

阳山碑材

明孝陵主体建筑原貌示意图

间。如果这样划分，那么整个陵墓建造工程跨越洪武、建文、永乐三朝，前后延续了近40年。

有的读者不禁要问，东拉西扯、洋洋洒洒说了这半天，还没说清楚孝陵营建的关键环节，如方案设计、图纸绘制、招聘发包、签定合同、设备技术、施工手段、各项工期、用工多少、预算决算、验收标准、总设计师和总工程师姓啥名谁。是的，这确实让读者失望了。孝陵营建中的很多环节恐怕再也无人知道了。设身处地站在朱元璋的位置上想，能让如何营造孝陵的文字图纸流传于世吗？对他来说，连陵工总管都要灭绝，还允许文字图纸存在吗？1981年，南京博物院出了一本《明孝陵》画册，书中有这样一段话："《明实录》和《明会典》都很少讲到孝陵的建设。焦竑《国史经籍志》所列《孝陵纪略》一卷，只存名目，原书不曾得见。顾炎武画的《孝陵图》很有名，卓尔堪在康熙年间游孝陵时，曾经携图对展，但不知此图是否还在人间。明《金陵梵刹志》中凌大德绘的《孝陵图》因附在灵谷寺一起，过于简单，不能据以对勘各部分建筑的位置和形制。"权威们也深感："记载特别缺乏"。也许这人世间真的不存在孝陵如何营建的文字记录了。

玄宫内葬人物

明孝陵是明太祖与马皇后的合葬墓，玄宫内安葬着朱元璋与他的结发妻子马氏，陵域内还安葬有包括明成祖朱棣生母碽妃在内的40多位嫔妃和宫女。这里主要叙述一下皇后马氏的情况。

马氏名叫马秀英，安徽宿州人，生长在民间，父母早逝，被元末红巾军将领郭子兴收为义女。因郭子兴赏识朱元璋的才能，遂将马氏嫁给朱元璋为妻。那时马氏21岁，举止端庄，知书达理。马氏在朱元璋的戎马生涯中始终跟随左右，经常为朱元璋出谋划策，并领着随军家属缝制军服，接济部队。由于她生性善良，因而受到官兵爱戴。朱元璋做皇帝后，马氏仍然保持着原先的本色，并经常劝朱元璋推行善政，从而成为中国历史上有名的贤惠皇后。

马氏辛勤管理后宫事务,有空就给六宫嫔妃宣讲古训,告诫嫔妃们要效法宋代贤惠的皇后,还命内宫女史抄录宋代贤惠皇后的事迹,让嫔妃们阅读。平日马氏喜欢穿宽大的绢衣,破了也舍不得更换。她常用质差的丝绢缝制衣服,送给王妃公主,让她们懂得养蚕缫丝的艰难。

马氏十分重视人才。有一天,朱元璋从太学府巡视回来,马氏问太学府有多少学生?朱元璋回答有几千。马氏说有很多人才,这是好事,他们都有父母妻儿,难道不需要官府给他们生活费用吗?朱元璋连声赞同。于是下令建立红板粮仓,按时发粮给学生的家里。一些北伐将领在元朝大都宫中获取了不少宝玉,带回南京献给皇上。马氏指着光彩夺目的宝玉对朱元璋说,元朝有这些宝玉却不能守住,那么帝王应该以什么为宝呢?朱元璋说,我知道你想说以得贤人为宝。马氏点头称是:"诚然像你说的,臣妾与陛下出身贫贱,时至今日要经常警惕自己。俗话说骄纵起于奢侈,危亡起于细微。咱们得广招贤人来治理天下。"接着,马氏话锋一转:法律不断变更,定会产生弊端。法律有了弊端,就会产生奸臣。百姓受到骚扰,生活必定困难,百姓生活困难,就会发生动乱。一席话说得朱元璋频频点头。他将马氏的忠告奉为至理名言,并令宫中女史把这些话记了下来。

马氏的仁慈更多地表现在规劝朱元璋不要滥杀无辜上。这里举几个小例子。

参军郭景祥驻守和州,朱元璋听说郭的儿子拿着槊要杀其父,怒不可遏,要杀这个忤逆的小子。马氏劝说,郭景祥就这么一个儿子,杀了其子岂不绝了他的后。传来的话会不会有不实之处呢,可否调查一下?后经过调查核实,果然是传话失实。

功臣李文忠驻守严州,杨宪诬陷他有不法行为。朱元璋信以为真,要召李文忠回京查办。马氏劝说:严州是混乱地区,不宜轻易更换守将,况且文忠素来忠心,杨宪的话岂可轻信?朱元璋一想言之有理,也就作罢。后来李文忠为朝廷立了大功,死后赐葬于钟山之阴。

吴兴有个富户沈秀(沈万三)慷慨捐钱,帮助朝廷修建京都城墙,还上奏请求由他出钱犒劳三军。这下可伤害了朱元璋的自尊心,他怒不可遏道:"平民百姓妄图犒劳天子的禁军,分明是个乱民,该斩。"马氏一旁委婉说情,朱元璋才从轻发落,罚沈秀充军，发配云南。

洪武十五年（1382 年）八月，皇后马氏病逝，终年 51 岁。九月，入葬开工才一年的陵墓，因她的谥号为“孝慈”缘故，遂称这座正在建造中的陵墓叫“孝陵”。

葬入明孝陵墓园的嫔妃和宫女有 40 多位，她们中除极个别人是在朱元璋生前就病逝的外，绝大多数是朱元璋的殉葬品。朱元璋临死遗诏：“丧祭仪物毋用金玉，孝陵山川因其故，勿改作。”然而，前朝已废弃的活人殉葬制度，在他手里却恢复了。史书上记载下她们中一部分人的姓氏：天俪、昭敬充妃胡氏、成穆贵妃孙氏、淑妃李氏、安妃郑氏、庄清安荣惠妃崔氏、安妃达氏、硕妃、宁妃郭氏、惠妃郭氏、顺妃胡氏、郜氏、韩氏、余氏、杨氏、周氏、贵妃赵氏、贤妃李氏、惠妃刘氏、丽妃万氏等等。她们多身世不显，事迹鲜传，命运凄惨，令人同情。她们中有些人肚子里曾孕育过“龙种”。明人钱谦益在他的《太常寺记》中认为硕妃是明成祖朱棣的生母，只是历史上朱棣为了自己的皇位坐得稳一点，不敢承认而已。朱棣自认为是皇后马氏所生，把应有的礼仪封典都给了高皇后马氏了，暗中能做的就是将硕妃的牌位排列在孝陵殿祭堂右侧的第一位，以抬高她的地位。《太常寺记》还认为，懿文太子、秦王、晋王皆李妃所生。

皇后马氏

有一种看法认为玄宫内葬有三人，除了朱元璋和马皇后外，还有位于众妃之上的成穆贵妃孙氏。孙贵妃是亲军马元帅的义女，洪武七年就死去了，原“葬褚岗”，建陵后朱元璋亲手将她“附葬孝陵”。由此可推断出玄宫内房间的安排：中为朱元璋，东（左）为马皇后，西（右）为孙贵妃。这样正好构成一种对称的“居中为尊”、“左为上，右次之”（明人尚左）的礼仪形式。

明孝陵沧桑

为了保护、管理、维修孝陵，明朝政府于洪武三十一年（1398 年）设立孝陵卫，该卫官兵有 5600 名，担任明孝陵的守卫工作，直接隶属于京军卫指挥使司，并受南京中军都督府节制。孝陵内部管理设神宫监，为南京守备太监所直辖，有太监数十名，专职奉香火祭祀洒扫等。有关孝陵之守备、维护，《大明律例》等国家法律中有严格规定，以确保孝陵的一草一木不受侵害。如距皇墙二十里范围内，不准开山取石、烧窑、开路、葬坟，违反者要受到严厉惩罚。明朝崇祯十四年（1641 年），崇祯皇帝下诏在孝陵下马坊附近立《禁约碑》，重申保护孝陵，违者从严惩治。《禁约碑》至今还完好地保存于原址。

享殿前门基址及晚清时修建的碑殿

孝陵从永乐年间（1403~1424 年）到崇祯年间（1628~1644 年）的 240 余年间，曾多次修葺。修理工程由南京工部负责。永乐十一年四月修太子东陵，七月修孝陵神厨库、宰牲亭、棂星门。永乐十四年再次修太子东陵。永乐十八年修孝陵殿。永乐二十二年九月再次修孝陵殿。宣德七年修孝陵。宣德十年重建神功圣德碑。崇祯十年修孝陵，砍枯树 586 株。崇祯十四年修理殿宇、墙垣，重立神烈山碑，石出宜兴，价七百金。崇祯十五年，朱成国和王应华二人奉敕修陵，将三百年的枯木砍伐为薪，挖掘其根部深竟达地下数丈。

清代初年，孝陵遭受到一定程度的破坏。1645 年，清兵南下，攻陷南京，曾在孝陵驻过军队，“柱上金龙鳞爪，半欲摧残”。清顺治十六年（1659 年），郑成功的北伐军进入南京，孝陵殿顶梁柱受兵器砍伤达三分之二，只因其“不识楠木，而以为异香也，遂斫削而去”。清政权稳定后，出于维护封建统治的需要，对历代帝王陵寝逐步采取了保护政策。明孝陵也得到了妥善的保护，设有守陵太监和陵户，负责孝陵的日常管理，并由灵谷寺僧人主持修葺工作。康熙（1662~1722 年）年间，玄烨帝南巡，曾五次亲谒明孝陵，题“治隆唐宋”四字，刻碑立于孝陵殿前门台基上，下令修葺陵园，拨给司香田地，立碑禁止樵牧。此后雍正（1723~1735 年）、乾隆（1736~1795 年）、嘉庆（1796~1820 年）等历代清朝皇帝，均注意保护孝陵。

太平天国（1851~1864 年）农民起义期间，洪秀全占据金陵，建都于此

孝陵享殿台基残存的石雕望柱、栏板等

晚清改建后的明孝陵陵宫门（文武方门）

明孝陵方城明楼近景(20世纪30年代摄)

并改名天京。当时清朝政府在孝陵卫驻有“江南大营”,太平军则利用钟山作为抵御清兵进攻的阵地。因此,孝陵处于两军对垒交战的第一线,战火纷飞,尸骨成堆,所有殿宇的木构建筑均毁于战火。人类与自然的辉煌结晶,毁于一旦,令人惋惜,令人感叹!

清朝同治年间(1862~1874年),曾国藩的弟弟曾国荃奉命修复孝陵,经实地勘测,估算需银20万两。当时清政府财政困难,无力修复,结果仅花740两银子进行了局部维修，其结果与明代孝陵原貌相比，自然不可同日而语。修复后的原为五孔门洞的文武方门只剩中间一孔，且舍去门顶，新增的是曾国荃为这简陋的陵宫正门题书的石刻门额“明孝陵”。从此，“明孝陵”一名流传至今。

内红门及方城明楼远景(20世纪30年代摄)

清宣统元年（1909年），两江洋务总局道台和江宁府知府共同竖立“特别告示”碑于孝陵陵宫门和碑殿门前，上用日、德、意、英、法、俄六国文字刊刻保护孝陵告示。遗憾的是，周围百姓看不懂碑上的文字，继续在明孝陵放牧砍柴，拆城砖盖房子。

民国初年，金陵大学美籍教授裴义理发起组织义农会，在钟山植树造林。1925年，孙中山逝世，遗嘱安葬南京钟山，次年破土建陵。1927年，国民政府建都南京，不久，将钟山所在的东郊作为中山陵园特区。从此，明孝陵就被划入中山陵的陵园范围了。

北魏时代北斗星图　敦煌卷子中的唐代北斗星图　五代吴越国钱元瓘墓的北斗星图　辽代墓葬中发现的北斗星图

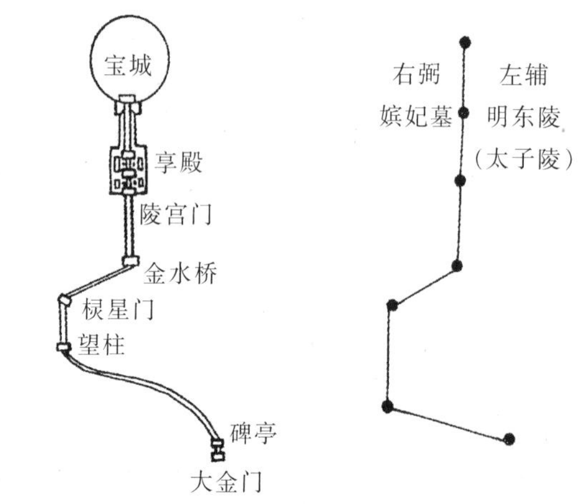

明孝陵北斗七星布局示意图

下的钟山浦为朱雀象（前湖亦称燕雀湖），而正对陵宫的孙陵岗（今梅花山）与远处江宁境内的天印山（方山）构成“近案”、“远朝”的风水形势，宝城后所倚玩珠峰为玄武象，其低垂的地形正符合“玄武低首”的风水要求。明孝陵的北斗七星布局恰好处于“四象”之间，文化与自然在这里得到了艺术的结合，可谓巧施人工，妙手天成。

中国古代的建筑包含了极其丰富的设计思想，可惜大多没有明确的记录，只有依靠后人的研究将其揭示出来。用“北斗”作建筑布局，古代已有先例，如西汉长安城、温州古城、浙江宁波天童寺等。取意于天、天人合一的思想来自道教，而朱元璋对道教确实是相当重视。他在夺取天下的过程中，任用了不少有道术的名士，如刘伯温、张中、刘渊然、丘玄清、张三丰等。朱元璋本人也很讲求天象，相信风水。明成祖朱棣在《大明孝陵神功圣德碑》上说朱元璋“审天象，作地志”；在明代的皇宫建筑设计中，处处体现“君权神授”、“天人合一”的思想。天上太微垣南有三颗星，被人们看做三座门，称端门、左掖门、右掖门，为了与天上相对应，宫城前也设端门，午门东、西设左掖门、右掖门。在午门和奉天门之间有金水桥穿过，象征天宫银河。其他如乾清宫、坤宁宫以及在凤阳所筑中都之日精峰、月华峰等，都是取天地相融、天人合一的涵义。鉴于朱元璋对道教的重视及对天象的研究，那么在他的陵寝规划设计上采用象征手法，以北斗作总体规划，既吸纳中国古代人死后“魂归北斗”的思想，又采取天帝居北斗并被“四灵”相绕的神秘布局是完全可能的。

明朝开国皇帝朱元璋不仅在国家的统治和管理上多有新政，在陵墓的营造上同样独树一帜。明孝陵陵区的布局设计，采用自由与规整相结合的手法，如郭城随地形起伏设置，环钟山而行；神道也蜿蜒曲折，一改历代帝陵仅以中轴线对称的布局。这与朱元璋主持营造的明初京师（南京）都城和宫城（明故宫）的体制具有一致性。陵宫部分则规整划一，完全呈中轴对称格局，这与明代首都宫城的布局设计风格也如出一辙。陵寝位于京师城垣和外郭城垣之间，成为都城的重要组成部分，这在设计理念上颇有深意。

明孝陵的布局特征还体现在“前朝后寝”三进院落及后世子孙共用第一代皇帝陵寝的神道两个方面。明孝陵陵宫依照宫殿格局，建筑布局为“前朝后寝”和前后三进院落，第一进和第二进院落为“前朝”部分，第三进院落为“后寝”部分。以陵宫门至享殿前门以及前门两侧的具服殿、神库、御厨及东西井亭为第一进院落；第二进院落从享殿前门至享殿，包括左右配殿和左右神帛炉，是陵寝祭祀活动的中心；第三进院落从内红门至宝顶，包括御河及升仙桥、方城、明楼、宝城和宝顶。“后寝”是朱元璋亡灵的安息之地，除嗣皇帝和经特许的大臣之外，一般人不得入内。

唐宋帝陵为上、下宫制，在设计的理念上注重的是灵魂；明孝陵的“前朝后寝”和紧凑有序的三进院落的制度，反映的是礼制，突出的是政治和皇权。朱元璋生前将中国的封建专制集权发展到极致，他的政治思想和管理措施在其陵宫的设计、建设上也得到体现。“前朝后寝”和前后三进院落的陵寝制度，始于明孝陵，为明十三陵、明显陵、清东陵、清西陵所继承。明孝陵的陵区内，既有朱元璋和马皇后合葬的孝陵，又有皇太子朱标的东陵。东陵经考古调查没有发现单独的神道石刻和御桥，这说明东陵和孝陵共用一条主神道。孝陵的这一布局特征开创了第一代皇帝陵寝的神道为后世子孙（太子或即位皇帝）所共用的制度，并为北京明十三陵所继承。明孝陵的建筑形式在中国封建社会后期的帝陵制度上，具有开创性意义。

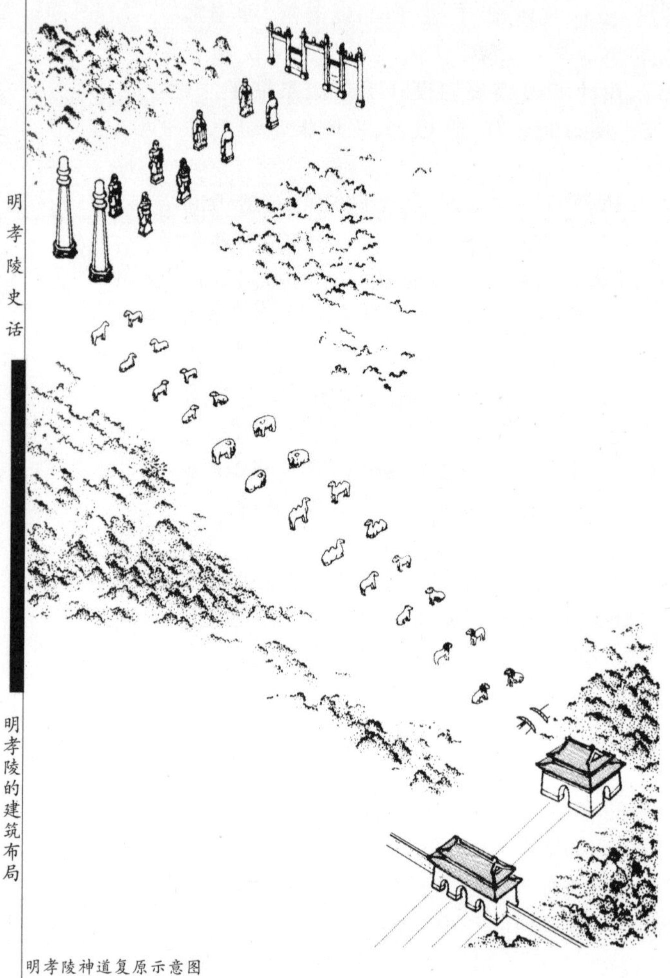

明孝陵神道复原示意图

明孝陵的建筑

明孝陵从起点下马坊至玄宫所在的宝城一线为建筑的重点分布线，沿线设置 30 多种不同风格、用途各异的建筑物和石刻艺术品。

孝陵的总体建筑大致可以分为三个部分。第一部分自下马坊至大金门是孝陵外郭城正门前的导引部分。它包括大金门以西的红门遗址、王门遗址，陵区入口的标志物——刻有“诸司官员下马”六字的石牌坊(又称下马坊)及神路。嘉靖十年(1531 年)建成的“神烈山碑”及碑亭遗址，崇祯十四年(1641 年)树立的“禁约碑”，下马坊以东屯卫孝陵的禁军防区“孝陵卫”的卫城也属于孝陵的附属建筑之一。

第二部分自大金门向两侧延伸并涵盖整个钟山。在这一区域内，以通往陵宫的神道(专供皇帝棺椁、神牌通过及官员谒陵行走的甬道)为主线，沿途保存有碑亭(俗称“四方城”)、外御河桥、神道及神道石刻(设在神道两旁的石人、石兽雕塑群)、神道望柱(帝陵前的标志性石刻建筑物)、棂星门(一称龙凤门)基址、内御河及御河桥(又称“金水桥”,俗称“五龙桥”)等。还有与孝陵相关的神宫监遗址、东陵、嫔妃墓等各类建筑和石刻遗存。此外,陵域内还埋葬着部分开国功臣墓,如开平王常遇春墓、皖国公仇成墓、江国公吴良墓、海国公吴桢墓、中山王徐达墓、岐阳王李文忠墓等。

第三部分是陵寝的主体。包括陵宫和宝顶(地宫之上的高大封土)、宝城(围绕宝顶的围墙)及陵宫周围高峻的围墙。陵宫内的建筑有陵宫门 (一称文武方门)、享殿前门(现称碑殿)、享殿(一称孝陵殿, 为举办大型祭祀活动的主要殿堂)、东西配殿(一称东西庑)、御厨、具服殿、井亭等一系列为祭祀活动服务的各种建筑物, 以及内红门和向两侧延伸的墙垣、大石桥(俗称升仙桥)、宝城御河、方城(石砌的长方形城台)、明楼(建在方城之上的大型建筑,檐挂陵名匾额)及方城两侧饰有砖雕花卉的大型影壁 (门楼两侧起装饰作用的附属建筑,俗称“八字墙”)。陵宫的最后为宝顶、宝城。宝顶主

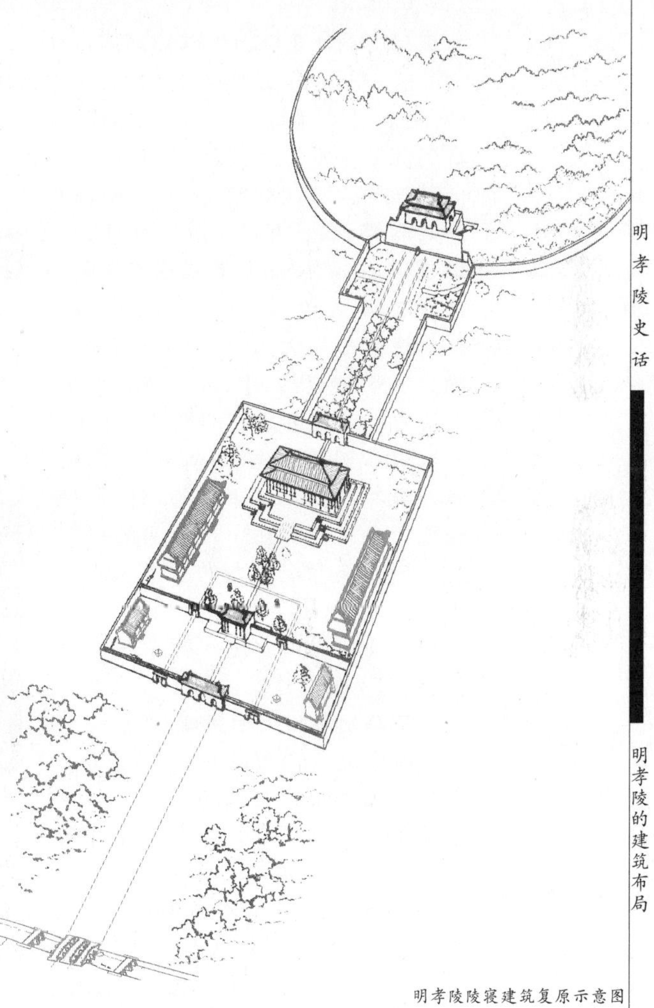

明孝陵陵寝建筑复原示意图

要是利用原独龙阜山体营建而成。

这三个部分的建筑互为表里，层层扣合，既强化了陵寝建筑的纵深感与隐秘性，又满足了其对安全及礼仪的要求。下马坊至大金门的导引部分和接着的神道石刻部分基本呈弯曲隐秘的布局。而自内御河及金水桥起，经陵宫门、享殿前门、享殿、东配殿、西配殿、方城及明楼直到宝顶则又是一根轴线由南到北，从疏到密，自低向高，层层推进，张弛有度，尊卑分明。在最后部分形成建筑体量、营造法式、密度和高度上的最高潮。整个建筑布局犹如一首抑扬顿挫的优美乐章。身居其中，让人感受到陵寝特有的气氛和皇家的威严。

明孝陵陵域内的大量文物遗存，虽然经过600多年的风雨侵蚀和战争破坏，但在历代政府的保护下，仍然焕发出古老的艺术风采和文化魅力。

下面我们沿着进入明孝陵的路径，对明孝陵的建筑依次作一介绍。

下马坊及附近相关建筑

明孝陵入口处的标志性建筑为一座两楹冲天式石牌坊。该牌坊宽4.94米、高7.85米，楹柱断面呈抹角方形，两柱前、后及外侧有抱鼓石，柱端饰云板、云罐，内侧雕梓框，镶入大额坊，额上横刻楷书“诸司官员下马”六个大字，即要求各级官员到

下马坊

此必须下马步行，以保持陵区的肃穆与对先帝的崇敬。据《明史》记载，洪武二十六年（1393 年）下令，车马过陵及守陵官员入陵者，百步外下马，违者以大不敬论。这座石牌坊应当是遵此命令而建。牌坊造型伟岸，线条简洁，雕刻精细，书体工整，是明初石刻建筑中的精品。

下马坊东 36 米，是嘉靖十年（1531 年）改钟山为神烈山而竖立的“神烈山碑”。碑通高 4 米，碑额篆刻“圣旨”两字，碑身中刻“神烈山”三个大字，碑上款刻“嘉靖十年岁次辛卯秋九月吉日”，下款刻“南京工部尚书臣何诏侍郎臣张羽立石”。这里原有方形碑亭，已倒塌，尚存斗形石柱础四个，柱础高 0.97 米，宽 1.1 米，柱础侧面浮雕有石榴、牡丹、山茶、金菊等图案。

在神烈山东面 17 米处，为崇祯十四年（1641 年）立的“禁约碑”。此碑为卧碑，通高 3.46 米，碑首浮雕精美的二龙戏珠纹，碑面镌刻禁止损坏陵墓及谒陵有关注意事项的条款，碑下为须弥座台基及两层条石基座。

神烈山碑

禁约碑以东为朱元璋死后设置的、保卫孝陵的卫所——孝陵卫所在。这里曾驻兵 5000 多人，现已无地面建筑遗迹可寻。20 世纪 90 年代末，曾在孝陵卫镇地下施工场地发现一些石构件、青花瓷片、大城砖等，南京市文物研究所考古人员现场勘察后认为这些遗物都具明代特点，因此推测其与孝陵卫有关。

禁约碑

大金门和碑亭遗存

由下马坊向西北行约 1100 米，便到了孝陵外郭城正门大金门。下马坊至大金门之间的这段道路具体走向已不明。近年

大金门遗存

大金门须弥座

来,有关专家经考察后认为,孝陵下马坊原先跨朝阳门(今中山门)外大道而建,即下马坊坊门朝东,入明孝陵是从东面向西行。从下马坊向西的神道原是利用了朝阳门外大道的一段。而大金门外的神道是从大金门直接向南延伸到朝阳门外大道,再与下马坊向西的神道相连接,连接点应在今天南京手表厂南门外,这在明人葛寅亮所著《金陵梵刹志》中所附《灵谷寺左景图》上亦有明显的标示。

大金门为孝陵外郭城的正门,也是正式进入陵区的第一道大门,门南向,面阔 26.66 米,进深 8.09 米,有券门三洞,中门较大,高 5.24 米,左右侧门较低。大金门下部为石造须弥座,须弥座以上为砖砌。从须弥座至挑檐石下部,高 4.91 米。大金门的屋面已毁,屋檐以下不施斗拱,而以石制挑檐取代,结构简洁而坚固。1964 年,有关单位曾对大金门屋顶进行清理,根据结构判断,大金门原为单檐歇山顶,覆黄色琉璃瓦,用绿色琉璃椽子。当年的大金门是朱红双扉,庄严华丽。大金门东西两侧原接有陵区的外郭红墙。现红墙已不存,但能看到连接的痕迹,墙宽约 1.5 米,墙高约为 4 米多。

雕刻有九龙的神功圣德碑额

大金门正北方向 73 米处，是碑亭建筑遗存，二者在南北同一轴线上。碑亭建筑平面呈正方形，面阔、进深均为 26.86 米，故俗称“四方城”。墙壁下部为石造须弥座，座腰部浮雕椀花，上部砖砌，残高 8.84 米。四面各开一座券门。亭顶已不存在，其结构、形式已无法考证。古建筑专家根据遗存情况，并结合北京长陵碑亭资料，推测这座碑亭的顶部原为重檐歇山式，覆盖黄色琉璃瓦。碑亭内是朱元璋的儿子明成祖朱棣在永乐十一年(1413 年)所立的

神功圣德碑

“大明孝陵神功圣德碑”。这是为明太祖朱元璋歌功颂德的巨大石碑，碑高 6.7 米，龟趺座高 2.08 米，碑额雕有九条龙，雕工精湛，气势雄伟。该碑碑文楷书阴刻，全文长达 2746 个字，书法优美，镌刻工整。这是南京地区古代碑刻中最大的一块，具有较高的历史、科技和艺术价值。

值得一提的是，1911 年，画家石源绘有《皇陵京门昔日之光景》图，对明孝陵大金门及碑楼顶部结构做了推想复原，这些图对今人来说，仍有一定的参考意义。

过碑亭向西北方向约 50 米就是进入孝陵的第一道御河桥，河宽约 20 米。该河源自钟山南坡，古称“霹雳沟”。明孝陵的设计者利用这一天然河道，为明孝陵营构了第一道排水设施和河防设施。河上架有一座单曲拱桥。

神道石刻及棂星门

过外御河桥向西北 50 米，即到达神道石刻区。神道及石刻在布局上分为三段：第一段呈东南—西北走向，长 618 米，地势略有起伏，两侧布置石兽六种，共计 12 对 24

石狮(蹲坐)

石狮(蹲坐)

石獬豸(蹲坐)

石骆驼(蹲坐)

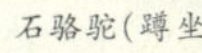

石骆驼(站立)

石象(站立)

石象局部

石麒麟(站立)

石麒麟(蹲坐)

石马(蹲坐)

石马(站立)

石望柱

件,六种石兽依次为狮子、獬豸、骆驼、大象、麒麟、马,每种两对,造型均为一对站立、一对蹲坐。石兽作相向的一坐一立相间排列,两石兽间相向的距离为4.88~6.9米不等,每对石兽之间的间隔为29.8~52.5米不等。这些石兽均用整块巨石雕刻而成,有的重达80多吨。其线条流畅而圆润,气势宏大,风格粗犷,细部雕刻极具动感,代表了明朝早期的石雕艺术水平。这些神道石兽标志着帝陵的崇高、圣洁、华美,也具有仪卫皇帝及佑护帝陵的象征作用。

石兽尽处,神道折向正北方向为神道的第二段。该段神道长250米,依次为白石望柱一对,武将、文臣各两对。望柱高6.25

武将(有须)

武将(无须)

武将局部

文臣(有须)

文臣局部

文臣(无须)

米，东西相距 5.20 米，柱与基座横断面呈六边形，顶端置双层圆柱形冠，柱身满雕云纹，柱头浮雕云龙纹。它改变了唐宋以来神道石柱顶部作莲花式的造型风格，具有艺术上的创新意义。两柱高大而精美，为明初石雕艺术品中的精品。武将、文臣均一对有须，作老年状；一对无须，为青年状。各高 3.23~3.26 米，东西相距 4.30 米。武将身穿甲胄，手执金吾，腰佩宝剑；文臣头戴朝冠，手执朝笏。他们个个神情肃穆，威严端庄，是陵墓的仪卫者和忠实守护者。

神道的第三段呈东北—西南走向，长 275 米，以一座石质棂星门（一称龙凤门）为开端。该门向西南偏 20 度，现仅存石柱础 6 个和抱鼓石 8 块。推测其结构为三间两垣，面阔 15.75 米，石柱础的侧面浮雕花草纹，抱鼓石两侧浮雕云纹。

孝陵神道石刻，无论题材、造型或是雕琢技巧，都具有鲜明的特点。如在组合类型上，既保留了唐宋以来帝陵神道石刻的一些内容（马、象、狮子、麒麟、獬豸等），又增加了新的品种骆驼，而对过去帝陵前的虎、羊等类型，则移

棂星门柱础

棂星门柱础细部

御河桥

作功臣墓前石刻。在制度上分工更加明确，突出了尊卑有别的礼仪体制。此外，也减去了唐、宋石马旁的控马倌。这些石刻大多形体庞大，皆用整块巨石采用圆雕技法雕刻而成。以立象为例，象高 3.47 米，长 4.21 米，宽 2.16 米，按实际体积计算，原石材至少重达 80 吨。石望柱高 6.25 米，也甚为难得。这样高大的石刻，置于神道两侧，不仅使孝陵显得雄伟庄严，而且给人一种凝重肃穆的感觉。

孝陵石刻的石材大多取于南京近郊的大连山一带，神烈山碑石材选自宜兴。这些石料都要从一二十公里甚至上百公里以外的山中运往孝陵，在当时运输手段十分落后的条件下，单就运送石材一项而言，其工程之浩大可谓惊人。至今在南京东郊阳山山谷里，还躺着废弃的孝陵三块碑石，其总高度达 73 米，总重量竟至 3.1 万吨，观之令人咋舌。在古代封建国家里，也只有最高统治者才有能力去构想和完成这一伟业。由此可见，皇帝的陵墓也就是皇权的象征，以不计较全国的人力和物力而建成的帝陵，自然也就成了体现皇权至高无上、无所不能的标志。而神道石刻的形体硕大，也正是这一观念的产物。

孝陵石刻在雕凿技术和造型方面，与明祖陵的风格有所不同。明祖陵的石刻尚存唐宋石刻的遗风，雄健细腻。而孝陵的石刻，在造型上简朴厚实，整体用圆雕，线条圆润，注重写实，同时又以形体高大闻名；在局部处理上，多采用浮雕或辅以线刻手法，着意刻画，精雕细琢，从而使虚与实、粗略与精细、朴素与华美巧妙地结合，取得了寓细于大、于简朴中透华丽的艺术效果。以大象为例：其造型高大，神态逼真，雕刻简朴，似乎只求形态的惟肖而别无所求，但是石象的一对耳朵却又经过了精雕细刻，耳轮鼓起，筋脉突露，既写实又夸张，大大增强了实体感和造型美，尤其是大象的双眼，顾盼有神，宛然如生。又如文臣武将，着重对不同服饰的刻画，武将全身披挂，威风凛凛；文臣袍笏端严，玉佩整肃，袍服上的图案和回纹等装饰纹样，也都雕琢得一丝不苟，从而使人物形象更具真实性，性格也益加鲜明。再如白石望柱，整体造型高耸屹立，直指蓝天。柱体六面饰婀娜宛转的云气纹，自上而下连成一片，显得格外雍容挺拔；而柱表线条也显得活泼华丽，毫无呆板压抑之势。整体造型的宏大和局部装饰的精细，是孝陵石刻最重要的特点；而两者和谐结合并取得相得益彰的效果，则是孝陵石刻在雕刻艺术上的最成功之处。

陵宫门（文武方门）

陵宫区

过棂星门向东北行 275 米，折北便是第二道

明孝陵享殿

御河和御河桥。这是直通陵宫的桥梁，又称五龙桥、金水桥。该桥桥身为石构单曲拱桥样式，桥身起券，两侧有散水螭首和护栏望柱。桥面栏杆是后配的，桥身和两岸的石堤则是原有的。自御河桥到方城宝顶，建筑物开始按南北中轴线设置，方向不再改变。

自御河桥向北行200米，顺坡而上，是明孝陵主体建筑的正门，即孝陵陵宫的大门，又称文武方门。共有五座门道，中间正门三孔作券顶，两侧掖门各一，作平顶。这种不同结构的门道体现了陵寝建筑中的尊卑关系和不同的使用功能。正门顶部结构为单檐歇山顶，覆盖黄色琉璃瓦，高8.9米、宽27.65米，三孔门券高度分别为4米(中门道)和3.77米(左、右门道)。南京市文物研究所于1998年对陵宫门(文武方门)进行发掘，发现了正门三孔和左、右侧门的基础部分。门道基础一般由7层城砖砌成，砖下还垫有一层厚10厘米左右的纯净黄粘土作基础。五座门道中，中部左、中、右三门结构一致。其中右门门宽3.70米，深3.80米，门道两侧墙壁均两端凸出，中段做出门槽，其顶部结构为券顶式。左右侧门门道宽3.33米、深2.22米，两壁平直，上部结构应为平顶过梁式。近年来，考古调查发掘成果揭示出陵宫门五座门道及其顶部结构不同，修正了20世纪50年代以来一直以为孝陵陵宫门五座门均为券顶式的错误认识。陵宫门的东西两边接有围墙。围墙用大砖砌成，高5.9米，墙身涂成红色，上覆琉璃瓦。门外东侧墙下，立有一块“特别告示碑”，高1.05米、宽0.63米，用日、德、意、英、俄、法六种文字镌刻，内容为保护明孝陵的告示。该碑是清宣统元年(1909年)由两江洋务总局道台和江宁府知府会衔竖立的。陵宫门两侧的高大围墙向东西两侧延伸，将明孝陵的主体建筑群全部围在墙垣以内。

享殿复原示意图

进入陵宫大门是一个庭院，东西长144米，南北宽41.45米。陵宫门内的东西两侧原有御厨(一称神厨)、具服殿及神库、井和井亭等建筑物。经考古勘探和清理，业已发现御厨基址。御厨坐东朝西，南北长27.5米，宽11.3米，面阔五开间，建于人工夯筑的台基之上。在御厨前方左侧建有一井亭，亭址平面呈六边形，井亭每边长3.8米，亭周围有内外两圈柱础，柱础石还完好地保存于地下，周围铺青砖路面并有石板台阶与御厨相通。亭中间有砌砖水井一口，井口直径0.8米，深17.5米。在御厨和井

享殿栏板望柱之一

亭的周围出土了大量的琉璃构件和石刻柱头、栏板等建筑残件。

西侧的具服殿基址和西井亭清理后的情况与御厨及东井亭相似。

在陵宫门以北34.15米处，即为孝陵享殿前的中门，又称孝陵门。该门是陵宫主体建筑享殿的前门，现仅存石构须弥座台基，东西长40.10米，南北宽14.60米。台基上原有面阔22.3米的3个门洞的门殿均已不存，现尚有石柱础和建于清代的碑殿。在门基东西两侧原有砖墙延伸至陵宫外垣，以构成陵宫的第一进院落，现砖墙也已不存。碑殿内现存康熙三十八年(1699年)所立的"治隆唐宋"碑，意思是赞扬明太祖的功绩胜过了唐太宗宋太祖。"治隆唐宋"碑，高3.85米，宽1.42米，碑下有龟趺座。"治隆唐宋"碑的两侧分别是康熙二十三年(1684年)、三十八年(1699年)康熙皇帝谒陵记事碑及乾隆皇帝南巡谒明孝陵时的题诗碑，均有较高的史料价值。

中门基址以北50多米处即为陵宫主体建筑享殿（孝陵殿）所在。从孝陵门至享殿，地上用巨石铺成一条宽1.6米的御道。享殿是明孝陵的主要建筑，规模很大，洪武十六年(1383年)建成，清朝咸丰年间毁于战火，原状已难考实。专家们推测，享殿的形制很可能与北京明成祖长陵的祾恩殿形制相同，因为长陵是按孝陵的规制建筑的。根据遗址判断，享殿面阔九间，进深五间，建于三层石砌须弥座台基上。台基通高3.03米，其上如今还保留着部分螭首、前后踏垛和陛石、栏杆、栏板及大殿殿基所用的巨大柱础等石雕构件。现存享殿建于清代同治十二年(1873年)，殿为三间，单檐歇山顶，檐高3.11米，长11米，进深7米，规模比原来的享殿小得多。

享殿东西两侧原有配殿，已毁。近年考古发掘发现，东配殿(又称东庑)位于享殿台基以东约5米处，坐东朝西，原建于高台基上。台基由黄土和卵石分层夯筑而成，四周以城砖砌筑台明，台基南北长66.84米，东西宽10.3米，残高1.2米，面阔十五开间，西面中间开门，台基上还保留着全部的柱础基坑64个和部分柱础石、角柱石、墙、路面、门道、散水等。享殿前御道两侧还设有神帛炉各一个，考古清理发现，炉基南北长 2.95 米、东西宽 2.2 米。

享殿以北 20.40 米处为内红门基址，明朝时候有三个门，门之内有瓦屋几间，是守陵太监住的地方。现内红门仅存中间一门，门的东西两侧有墙垣与陵宫东西墙相连结，使之成为陵宫内第二进和第三进院落的分隔线。

过内红门，就进入了陵宫内最后一个庭院。庭院纵深达 133.03 米。其尽处为一横跨宝城御河之上的大石桥，桥南北长 57.5 米，下为单孔，桥孔两侧石岸连接通往环绕孝陵宝城的御河。

桥北 7.8 米处是体量巨大的方城，方城是宝顶前的一座大型建筑，全部用大条石筑成。东西长 75.26 米，南北宽 31 米。方城的下部为石刻须弥座，高 2.4 米，上用条石砌建，正面高 16.25 米，在束腰部分刻绶带文和方胜文。方城的东西两侧有影壁（俗称八字墙），墙壁高 7 米、长 20.66 米，上覆琉璃顶，下部是两层砖雕须弥座，墙面四角饰有砖雕花纹。这些都是明初的艺术杰作，经历 600 多年，花纹仍清晰完整，因而十分珍贵。

享殿栏板望柱之二

方城正中辟有一个高大的拱门，拱门内有一深长的隧道，隧道上作券顶，两侧底部为石刻须弥座式，下砌 54 级石阶，直达后部宝城前垣与明楼之间的夹道。隧道幽深华美，独具匠心。隧道原先前后有门，现仅存门臼石等遗迹。出隧道分左右二石阶，折而向上，向南登上方城顶部，即明楼所在。

明楼俗称马娘娘梳妆台，东西长 39.15 米，南北宽 18.40 米。南为正面，开券门三孔，东、西、北三面中部各有一券门，楼内地面以方砖铺地。明楼原来是有顶的，覆黄色琉璃瓦，飞檐翘角，十分壮观，现仅存四壁。方城和明楼是明代的创新，明以前的帝王陵墓都没有这样的建筑。据孝陵考古专家判断，宝城御河及大石桥以北应是一个相对独立的建筑单元，方城明楼就是宝城宝顶（坟头）的大门和门楼。在宝城宝顶前面建造这样一座高大的方城和明楼，再开一深邃的隧道式券门，更增添了庄严神秘的气氛，显示出帝王的无比威严和宝城的绝对尊崇。

方城之后就是宝城宝顶,正面的石壁上横刻“此山明太祖之墓”七个楷书大字。据说这七个字刻于民国初年,用以回答游人的询问。宝城是一座环绕圆丘的封闭性城垣建筑,平面作不规则圆形,直径325米到400米,四周砖墙周长1000多米,墙壁以条石作基础,高度约7米。宝城内中部隆起,坟丘利用独龙阜山岗,依山就势而筑。考古调查发现,坟丘上面加筑了卵石层,以防雨水冲刷,同时亦可防盗。宝城中部为坟头,称宝顶。宝顶外侧开挖了排水沟渠,局部地区还加砌了沟渠石岸。宝顶之上,树木参天,其下即是朱元璋与马皇后埋葬的地方,可能也建有和北京定陵类似的整套地宫建筑。

考古工作者采用精密磁测法(GPM技术)进行勘探,证明在宝城下建有玄宫。但墓道未沿玄宫中轴线开凿,而是偏于宝城东南一侧,墓道宽约8米,长约120多米。经地表调查发现,在墓道入口处,宝城城垣明显下陷,外口部则有石板叠砌的痕迹。

孝陵各部分的建筑兴建及布局特点,根据文献和近几十年来的实地勘探和考察,所能知道的也就如上所说了。由于记载的缺乏,更加详细的情况已经很难获得。《明实录》和《明会典》都很少讲到孝陵的建筑。明朝焦竑《国史经籍志》所列《孝陵纪略》一卷,只存名目,原书已不得见。明末清初顾炎武画的《孝陵图》很有名,卓尔堪在康熙年间游孝陵时,曾经携图对展,但不知此图是否还在人间。明朝《金陵梵刹志》中凌大德绘的《孝陵图》因过于简略,不能据此对勘各部分建筑的形制。

关于孝陵的规制,按照前有神道、后有陵寝、封土起坟的陵墓布局,它基本上是继承了前朝陵寝制度。但是,按照神道和陵寝的具体安排与做法,孝陵的规制则在前朝的基础上有所创新和发展。首先,孝陵废去了方上、陵台、方垣及四面开门、设上下宫的制度,新创了方城、明楼和享殿等建筑,改方坟为圜丘,形成了自己的风格。方上的做法,就是在地面上作方形封土堆,并逐层收分夯实,最后成为覆斗状的一种做法。自西周文王陵到西汉元帝渭陵,经历1100多年,是逐渐发展起来的一种坟丘形式。唐太宗李世民营造昭陵,设上下宫,一直沿袭到南宋都没有变化。陵台、方垣、上下宫的制度,集中见于宋太宗赵炅的永熙陵,神道及其北面的建筑构成上宫,为陵墓的主体,陵宫平面作正方形,周边围以神墙,四面中央开门,上宫中央为陵台,是一覆斗形的大夯土坟堆。唐、宋制度的下宫，包括寝殿、斋殿、影殿、神厨及附属建筑等，下宫备日常生活用品及祭陵物品。朱元璋取消下宫，设享殿，改方形陵宫为长方形陵宫，仅在正面开门，这也是孝陵有别于前代的规制。朱元璋临死时曾谕示："丧祭遗物，无须金玉，孝陵山川，因其故，勿改作。"好像是要改变前朝在建造陵寝上过于铺张浪费的现象，但事实上只是流于形式的官样文章。孝陵的宏大和精丽，比之前朝皇帝是有过之而无不及。这是由当时的封建社会文化背景和专制主义集权制度所决定的，不是朱元璋个人所能改变的。

在宝城宝顶之前建方城明楼，其设计思想应来自传统的城门和城楼建制，只不过在具体细节上给予了变形和夸张，以符合陵寝建筑的特殊要求。明楼雄大高耸，登之可以极目远望，确属孝陵的新创。孝陵石望柱的位置和唐宋以来诸陵也不同，它不是列于石兽之前，而是置于石兽与石人之间，这也是特例。有学者认为其与孝陵的"北斗七星式"平面规划有关，可备一说。

孝陵的规制对其以后的明代诸陵和清代帝陵的兴建，有着深远的影响。葬朱元璋高祖、曾祖和祖父衣冠的泗洪明祖陵，它的兴建晚于孝陵五六年，神道部分取直线约长 250 余米，仍仿唐、宋山陵制度。从最后一对石刻至宝城明楼，约长 140 余米，与孝陵规制相同，但规模要小。北京的明十三陵，各陵的建制与孝陵几乎完全一致，且共同使用一条神道，总长度达 7 公里，在制度上与孝陵一脉相承。甚至包括十三陵所用的鼓镜式柱础、琉璃吻兽和瓦当纹样等都同于孝陵。可见孝陵制度在中国帝陵发展史上是何等的重要。

太子东陵和明孝陵周围的功臣墓

太子东陵

洪武二十五年四月丙子(1392 年 5 月 17 日),懿文太子朱标病死,年仅 38 岁。8 月 29 日葬于孝陵之东,称懿文太子寝园,也称东陵。

朱标是马皇后所生,元至正十五年(1355 年)生于太平府(今安徽当涂县)。1364 年,当朱元璋称吴王时,朱标被立为王世子;洪武元年(1368 年)正月,朱元璋登基当皇帝,朱标则被正式立为皇太子。

朱元璋自己年轻时没有机会上学,因此,他对皇位继承人的教育培养极为重视,在皇宫内建了一座“大本堂”,收集古今各类图书,并征聘各方名儒,轮流给太子授课。洪武十年,朱标 23 岁,开始见习从政。朱元璋令“自今政事并启太子处分,然后奏闻”。朱标从小就接受了当时著名学者宋濂等人的教育，又秉承其母马皇后的仁慈宽厚，为人好学深思，讲究仁义，从政勤谨，颇受朝野好评。

朱标娶开平王常遇春的女儿为妃，洪武四年册立为皇太子妃。常妃于洪武十一年死去，朱标又娶吕氏为妃，生了五个儿子，因长子雄英在洪武十五年早死，次子允炆便晋居长位，他就是后来的建文皇帝。

洪武二十四年八月，朱元璋命朱标巡视陕西。朱标温文尔雅，体质虚弱，经不住三个多月的旅途劳顿，待返回京师时，竟一病不起。虽然朱元璋命御医精心治疗，无奈回天乏术，拖了四个月，最终死去。这时朱元璋已经65岁，太子先他而去，令他痛心疾首，只得立朱标的儿子朱允炆为皇太孙。

朱标生性善良仁慈，与其父朱元璋的暴戾性情大相径庭。马皇后在世时，朱标曾与母亲一道多次规劝朱元璋。马皇后死后，朱元璋大开杀戒，杀了李善长等许多功臣，朱标劝他：“陛下杀人太多，恐伤了和气。”朱元璋不做声，叫人做了一根带刺的木棍丢在朱标面前，叫他拾起来。朱标见木棍上布满木刺，无从下手。朱元璋说：“我杀人就是要替你拔掉这根木棍上的刺，这些都是危险人物。”朱标说：“在上是尧舜一样贤德的君主，在下才会是拥护尧舜的臣民。”朱元璋一听，勃然大怒，操起身边的坐榻朝太子掷去。朱标受此惊吓，一病不起，这也是朱标英年早逝的一个原因。

太子朱标死后，朱元璋十分悲痛，命礼部参照古制议定丧礼，在京停大小祀事及音乐、婚嫁60天，8月29

马皇后与太子朱标像

东陵遗址公园

东陵享殿月台

日葬太子于东陵，谥号懿文太子。陵寝得名有两种说法：一是朱标生前为东宫太子，死后陵寝亦称东陵；一是其陵寝在孝陵之左，因方位而得名。

朱元璋共有26个儿子，其中7个儿子先他而卒，在先卒的诸子中，造成严重后果的是长子朱标之死，虽然有长孙朱允炆继位为皇太孙，填补了政治上的一个真空，但毕竟“尾大不掉”之势已经形成。由于朱元璋分封诸子为王，北方各王握有兵权，势力更大，在朱元璋去世后，他生前的忧虑果然变为现实。朱允炆即位后，追尊已故七年的父亲朱标为孝康皇帝，庙号兴宗。他用齐泰、黄子澄的计谋，先后废削了周、齐、湘、代、岷五王。建文元年(1399年)，燕王朱棣为使自己免遭五王的命运，以讨齐、黄为名，起兵北平，号称“靖难”。建文四年，燕兵破南京，绝望中建文帝自焚于宫中(一说失踪)。燕王朱棣登上皇帝宝座后，改建文年号为永乐，复称朱标为懿文太子，并竭力抹杀建文帝和其父朱标的这段历史。对朱标的子孙赶尽杀绝，朱标的陵墓也日益破败，湮没无闻，竟成为一个待揭之谜。

现已查明，东陵就在明孝陵围墙东

侧 60 米处，当时建有陵门、享殿、陵寝等，屋面盖绿色琉璃瓦。陵门的遗址在 20 世纪 80 年代尚清晰可见，殿址尚有残存的石柱础、琉璃瓦等。东陵毁于何时无确切记载，据《明史》记载，建文帝的五弟朱允熙曾随母亲吕妃居住在东陵，永乐四年(1406 年)东陵发生大火，朱允熙和吕妃不知所终。此后，明代和清代人谒明孝陵的记载中，都没有再提起过这座东陵。

东陵享殿前门柱础

经过六百年沧桑，钟山的石土湮没了东陵地表的残基遗址。自 1999 年起，南京市文物部门和中山陵园管理局文物处联合开展了东陵的考古勘探工作，不仅确认了东陵所在，而且基本弄清了陵寝布局，从而全面揭开了东陵寝园的历史原貌。东陵总体布局与明孝陵相似，但规模较小，由陵垣、陵寝大门、享殿前门、享殿以及宝顶等建筑要素组成，主要建筑在一条南北轴线上分布。在享殿以北约 16 米处即为地下宫殿埋葬区，经精密磁测技术勘测显示，为朱标地宫所在，南北纵深达 100 米。陵寝前部的园墙平面前尖后方，呈龟背形，格局特殊。这是目前全国所知仅见的帝陵平面布局形态。考古人员还发现当时东陵是与明孝陵共用一条主神道和御河桥，并据此推论：北京十三陵使用的第一代皇帝陵寝(成祖长陵)神道为后世皇帝共用神道的陵寝制度，应首创于朱元璋。

明朝(1368~1644 年)共有皇帝 16 人，除建文帝下落不明外，有 15 位皇帝建立了陵园，这就是南京的明孝陵、北京昌平的十三陵和金山的景泰陵。还有生前没做过皇帝，死后被追尊为皇帝，并且按照帝陵规格建造的 4 座帝陵，即江苏盱眙的明祖陵、安徽凤阳的明皇陵、湖北钟祥的明显陵以及这次发现的明东陵,合为 19 陵。有考古专家提出,新发现的东陵,完全可以作为明代的第 19 座帝陵载入史册。

明孝陵周围的功臣墓

明朝初年,朱元璋曾在南京鸡笼山建了十座功臣庙,将明朝的开国功臣祭祀于庙中,死者塑像,生者虚其位,共计 309 人。据史料记载,这些功臣中葬在钟山之阴的共有 12 人,即中山王徐达、开平王常遇春、岐阳王李文忠、东瓯王汤和、江国公吴良、海国公吴桢、藤国公顾时、许国公王志、芮国公杨景、燕山侯孙兴祖、安陆侯吴复、汝南侯梅思祖。其中,东瓯王汤和的墓近年来已在安徽凤阳县发现,证明史料记载有

徐达像

常遇春像

李文忠像

误。其余 11 座墓中现存并能确定墓主的有 5 座，即徐达墓、常遇春墓、李文忠墓、吴良墓、吴桢墓。另在常遇春墓附近还有仇成墓。经考古调查，还有 2 座无名失考墓，一在今板仓某部队院内，一在今紫金山北区苗圃附近，也属钟山之阴。

按明代的礼制，官员死后，其坟冢、碑碣的大小尺寸、墓道石刻的规制、随葬品的数量等，都依官衔的高低而有严格的规定。如功臣死后封王的，墓前可以有石人四个，文武各一对，石虎、石羊、石马、石望柱各一对。

徐达墓在太平门外板仓村，是保存最完整的一座明代功臣墓。

徐达墓神道碑

徐达（1332~1385 年），字天德，安徽濠州人，是朱元璋的同乡。至正十三年（1353 年）六月，朱元璋从家乡招兵，徐达应征从军，时年 22 岁。此后，他随朱元璋渡长江、拔采石、攻太平、取集庆（今南京），功勋卓著，成为朱元璋的得力战将。

吴元年（1367 年）十月，徐达出师北伐中原，第二年八月攻入大都（今北京），在推翻元朝、开创明朝的统一战争中，立下了首功。洪武三年十一月，徐达班师回朝。朱元璋亲自到南京下关龙江迎接北伐将士，并大封功臣。徐达被升为中书右丞相，改封魏国公，岁禄 5000 石，子孙世袭，还赐给他免死铁券。

朱元璋对徐达可谓恩宠有加，超过了其他功臣。朱元璋曾打算把自己称吴王时的旧王府赐给徐达，徐达一再推辞不受。有一天，朱元璋邀徐达到吴王府宴饮，有意将徐达灌醉，命太监送徐达睡在他的龙床上。《明史·徐达传》记载："达醒，惊趋下阶，俯伏呼死罪。"朱元璋见了，十分高兴，命人在旧邸前为徐达新建了一座府第（今瞻园

徐达墓神道石刻

一带），并在府第的东西两侧路口建“大功坊”，以表彰徐达的功绩和忠顺。朱元璋还常常幸临其宅，并赐给徐达一幅对联：“破虏平蛮功贯古今人第一，出将入相才兼文武世无双。”现在南京一带的莫愁湖、白鹭洲，当时也是朱元璋赐给徐达的宅园。

长期的戎马生涯、奔波劳累，使徐达积劳成疾。洪武十七年（1384 年）闰十月，徐达在北京病重，明太祖遣使召还南京。第二年二月，徐达病逝于应天府邸，时年 54 岁。死后明太祖追封他为中山王，谥武宁，赠三世皆王爵，赐葬钟山之阴，御制神道碑文，配享太庙，肖像功臣庙，位皆第一。

关于徐达的死因，诸说不一。正史说他病逝，野史则说朱元璋晚年猜忌群臣，为了确保明王朝万世一系，不惜铲除功臣宿将，借胡惟庸谋逆案杀了一批功臣。徐达虽然小心谨慎，但功高震主。他生了背疽，最忌吃蒸鹅。病重时，朱元璋却赐以蒸鹅，他只好流着泪“谢主龙恩”，当着使者的面吃了，不久即死去。

徐达墓的墓前神道石刻保存完好，有神道碑一，碑高 8.95 米，宽 2 米，厚 0.70 米。碑文是明太祖撰写，共 28 行，每行 72 字，共 2100 余字，记载了徐达一生的主要活动和功绩。此碑奇特之处在于碑文中竟然有标点符号。我国古代，不但碑文，连一般的书面文字，也从不加标点，由读者自己断句，谓之句读。然而此碑文却是断了句的，碑文中每一句话后面都加上了断句的圆圈，符号虽然单一，却十分罕见。其原因可能是碑文由大臣代笔，怕文化水平低的皇帝读不大通，特意加了圆圈形的标点断句。后来交付雕凿，工匠害怕获罪，只好连标点一并刻上。这种带有标点的碑刻，在我国古代是极为罕见的。

神道碑之后是一条长达218米的神道，两侧依次排列着石马及马夫、石羊、石虎各一对，文臣武将各一对。文臣之后约720米，即徐达墓冢所在，冢前立有清朝光绪年间徐达后裔立的墓碑，刻“明封魏国公追封中山王谥武宁徐公、夫人谢夫人之墓”。2002年，南京市文物部门对徐达墓进行了全面的环境整治，而今林木葱郁，绿树成阴，环境已大为改观。

常遇春墓在太平门外白马村、天文台下山麓处，是又一座明初功臣墓。

常遇春，濠州怀远（今安徽怀远）人，生于元朝至顺元年（1330年）。常遇春自幼即爱习武，长大后，生就一副强壮的身体，臂力过人，且有一手百步穿杨的好箭术，更兼十八般兵器样样精通，是个难得的人才。

常遇春墓神道

常遇春墓神道石刻

元末农民大起义爆发后,常遇春投奔朱元璋。他作战骁勇,长期作为徐达的副将,转战江南,屡立战功,被封为鄂国公。洪武二年,常遇春奉命出塞,扫荡北元残军,一直追到元上都,元顺帝狼狈北逃。常遇春班师凯旋,在路途中突发急病,竟暴卒于军中,年仅40岁。噩耗传来,明太祖大为震惊,丧车抵达龙江(今南京下关),朱元璋亲往祭奠大哭。下令赐葬常遇春于钟山之阴,追赠中书右丞相,追封开平王,谥忠武,配享太庙,并在功臣庙中为他塑像,排位仅次于徐达,列第二。为了表彰他的功绩,明太祖还在今天的南京杨公井附近为他造了一座花牌楼,所以该地在明清时的地名叫花牌楼。杨公井附近的常府街,也是因常遇春的府第在此而得名。

李文忠墓神道碑

常遇春墓前现存石马一、望柱一,神道两侧有石羊、石虎、武将各一对。按明朝的礼制来看,常遇春墓前应该还有一神道碑、一石马、一望柱及一对文臣,这些石刻可能是后来损失的。石刻后面约50米处,是1982年常遇春的第二十世后裔所重修的墓丘。墓的正面有两方墓碑,一方是清朝同治十年重修时所刻,另一方是1982年重修时南京市文管会所立。2002年,为了推进明孝陵申报世界文化遗产,中山陵园管理局对常遇春墓进行了全面清理整治,铺设了青石神道,将享殿柱础归整复位,使常遇春墓的环境状况大为改观。

李文忠墓在太平门外蒋王庙附近。该墓风格与徐达墓相同,但略小一些。现有神道碑、石马、石虎、石羊、文臣、武将等石刻。文臣像后有一块石碑,上刻“明岐阳王神道”字样,为李文忠后裔

李文忠墓神道石刻

所立，再后即墓丘。2001年上半年，南京市文物部门对李文忠墓进行了全面环境整治，同时对享殿台基进行了发掘和复原。

李文忠墓的石刻之中，有一匹已经雕出轮廓但却没有雕成的石马，置于神道旁。为什么这匹石马只凿了个坯就不再凿了呢？据说这与李文忠拼死劝谏，忤旨遭责有关。

李文忠（1339~1384年）是明太祖朱元璋的外甥，亦是明朝开国功臣之一，战功卓著。洪武二年，李文忠31岁，被明太祖封为曹国公。洪武十七年，李文忠却英年早逝。这在很大程度上要归因于他的逆耳忠言。朱元璋当上皇帝后，总是寻找种种借口，大杀功臣，一时朝廷内外，人人自危。李文忠身为重臣，又是皇亲，感到劝谏皇上义不容辞，遂不顾个人安危，书写奏章，拼死力谏。不料朱元璋非但不听李文忠的善意劝告，反而迁怒于李文忠身边的门客，认为一定是他身边的儒生给他出了坏主意，竟下令把李文忠家中的门客全部杀了。李文忠受此惊吓，一病不起，不久终于死去。

吴良墓神道石刻

吴良墓石龟趺

可能正因为朱元璋对李文忠敢于直言忤旨有所不满，所以他的丧事才办得比较草率，以至一匹石马未能刻完就弃置一旁。这在古代的陵墓中是比较少见的。

吴良墓和吴桢墓也是葬于钟山之阴的明初开国功臣墓，两墓都在钟山北麓板仓南京电影机械厂厂内。

吴良，安徽定远人，原名国兴。至正十三年(1353 年)与弟弟吴桢以及徐达、汤和等 24 人一同跟随朱元璋起兵。洪武十四年(1381 年)病逝，追封江国公，谥襄烈。墓前有石人二、石虎二、石羊二、石马二、龟趺座一。

吴桢，原名国宝，洪武十二年病逝，追封海国公，谥襄毅。墓前有石羊二、石虎二、石人二。1952 年，因建设需要，石刻均按原来排列顺序移至吴桢墓南。

2002 年，根据明孝陵申报世界文化遗产环境整治要求，由中山陵园管理局对两墓进行了环境整治，修筑围墙，按原排列顺序再次将吴桢墓石刻向西就近迁移，改变了多年来两墓环境差的局面。

仇成墓位于常遇春墓北侧 100

吴桢墓神道石刻

仇成墓神道石刻

米左右,也是一处明初开国功臣墓。仇成死后追封为皖国公。1965年,考古工作者对其墓进行了发掘,出土了一批文物。现墓地保存有石人一,以及石虎、石马、石羊各一对,原先全部倒塌在地。2002年,中山陵园管理局对仇成墓石刻提升扶正,并向南迁移20米,按原顺序排列,使其成为一处新的人文景观。

明孝陵的丧葬

明孝陵全景鸟瞰

明孝陵陵区内安葬的除了明太祖朱元璋以外，还有马皇后、皇太子朱标，以及为明太祖陪葬的40多个嫔妃等。

最先葬入孝陵的是马皇后。洪武十五年八月丙午（1382年9月17日）马皇后病逝，当时孝陵正在建设中，九月庚午（10月31日）马皇后葬入孝陵。

马皇后是安徽宿州人，父母很早就死了。马皇后从小就由父亲生前的好友郭子兴收为养女。郭子兴是农民起义军的领袖。元朝至正十二年（1352年），郭子兴做主，把马皇后许配给朱元璋。此后，马氏尽全力辅助朱元璋一步步夺取江山直至称帝。因此，朱元璋始终对她怀有感激之情，并经常在大臣面前称赞她的贤慧。

马氏不仅贤慧，而且心地善良。她做皇后以后，多次规劝朱元璋以不嗜杀人为本，从而解救了不少人。大学士宋濂，学识渊博，曾辅佐朱元璋平定天下，是个有功之臣。明太祖也因他有学问，让他长期担任皇太子朱标和其他皇子的老师。洪武十三年，宋濂因长孙被牵进胡惟庸一案而受连累。朱元璋要杀宋濂，马皇后极力劝阻。她对朱元璋说："民间请

陵宫内红门

一个老师，还要尊敬相待，何况帝王家呢？”朱元璋脾气倔暴，就是不听。后来，朱元璋到后宫去吃饭，见马皇后呆呆地坐在那里若有所思，就问：“你怎么不吃啊？”马皇后说：“听说宋先生死了，我这是为宋先生修福呢！”朱元璋一听大怒，把筷子一丢，起身就走。但回头一想，既然马皇后为他求情，就饶他一死。宋濂这才得以幸免于难。

马皇后的不断劝谏保全了一大批功臣的性命。她在世之日，胡惟庸一案被杀的人并不多，到洪武二十三年，即马皇后去世八年后，胡案先后被杀了3万多人。洪武二十六年，又发生蓝玉案，株连被杀的达1.5万人。

洪武十五年秋，这位贤惠善良的皇后得了重病，满朝上下都知道她心地好，帮着找医生。马皇后知道自己不行了，又知道朱元璋的脾气，如果吃了药也治不好病，那医生就别想活了，所以不论谁劝，她一点药也不吃，宁肯自己去死，也不愿再让朱元璋多枉杀一个人。临死前，她对朱元璋说：“愿陛下慎终如始，求贤纳谏，子孙皆贤。妾虽死如生。”说完安然去世，终年51岁。

马皇后死后，明太祖朱元璋给南京的文武官员每人发一匹布，令制丧服，并规定服斩衰(一种用麻布制的不缉边的丧服，是最重的一种丧服)27天，服素服100天。命妇(皇宫内的嫔妃、官员的妻母等人)着麻布盖头，一律不准佩首饰施脂粉。外地官员穿丧服3天，军民穿素服3天。停止音乐祭祀100天；婚姻嫁娶官员禁100天，军民禁一个月；禁屠宰，南京禁49天，外地禁3天。

第二个葬入孝陵陵区的是太子朱标，这在前文中已详细介绍，这里就不再赘述了。朱元璋是第三个葬入孝陵之人。

洪武三十一年闰五月初十（1398 年 6 月 24 日），明太祖朱元璋去世。五月十六日，即朱元璋死后第七天，葬入孝陵。

朱元璋临终前，留有遗诏，全文是：

> 朕膺天命，三十有一年，忧危积心，日勤不怠，务有益于民。奈起自寒微，无古之博知，好善恶恶，不及远矣。今得万物自然之理，其奚哀念之有！皇太孙允炆，仁明孝友，天下归心，宜登大位。内外文武臣僚，同心辅政，以安吾民。丧葬仪物，毋用金玉。孝陵山川，因其故，勿改作。天下臣民，哭临三日，皆释服，毋妨婚嫁。诸王临国中，毋至京师。诸不在令中者，皆推令从事。

内红门神道

明太祖遗诏中有“诸王临国中，毋至京师”的嘱咐。他为什么不要自己众多的儿子回京师奔丧呢？这是别有原因的。

原来，朱元璋的孙子、建文帝朱允炆虽然聪明好学，文质彬彬，但缺乏雄才大略，处事优柔寡断。朱元璋虽然封他为皇太孙，但并不满意，曾想把他废掉，另立四子朱棣为太子。朱棣就是后来的明成祖，他胆略过人，善于征战，明太祖也很看重他，曾召翰林学士刘三吾来商量。刘三吾不公开反对，只是反问他：如果立四子为太子，那么秦、晋二王该怎么安置呢？意思是说，按封建宗法礼教，应该立长子为太子，长子死了有二子，二子死了有三子。现在二子、三子都还健在，怎么能立四子呢？明太祖无话可对，只好将这件事放在一边。但是，他也担心，柔弱的朱允炆继承皇位，可能会发生当

升仙桥

方城明楼

叔叔的诸王入京篡位的事，所以他在遗诏中要他们留在自己的封地，“毋至京师”。而且，停灵才七天就迅速入葬，这在帝王的葬礼中也是显得太仓促了。所以，后来燕王朱棣认为遗诏是建文帝的心腹齐泰和黄子澄伪造的，并以此为借口，以“清君侧”为名，发动了“靖难师”，篡夺了皇位。

明太祖的葬礼确实是匆促简单了一些。以马皇后为例：马皇后死后停灵一个半月，而明太祖停灵才七天；马皇后死后，官员停止婚姻嫁娶100天，军民停一个月，而明太祖死后却规定天下臣民只要服丧三日，嫁娶饮酒皆无限制；马皇后死后，诸王子都到京奔丧，临走还命各带一僧随行，令诵经为马皇后修佛事，而明太祖死后，即命各王子留在所封的国中，不准赴京奔丧。朱元璋之所以留此遗诏，一则是为了防止诸王子争夺皇位，二则也是为了显示自己

凤、赵福、张弼、孙瑞、王斌、杨忠、林良、李成、张敏、刘政等12位为明太祖殉葬的宫女的父兄，从锦衣卫所试百户、散骑带刀舍人进升为本所千百户，官职世袭，世称“太祖朝天女户”。永乐初年，明成祖与大臣们商议罢免建文帝所晋升的官员时，议到“朝天女户”时，明成祖说：“他们这儿家都是好职事，不动。”

明楼遗存内景

明孝陵的妃嫔、宫女是怎样殉葬的？明朝的正史上没有记载，但后来有个朝鲜使臣记下了北京明成祖长陵殉葬的一点情况。朝鲜的《李朝世宗实录》记载了明永乐二十二年(1424年)成祖死后逼迫宫女殉葬的情形：“帝崩，宫人殉葬者三十余人。当死之日，皆饷之于庭，饷辍，俱引升堂，哭声震殿阁。堂上置小木床，使立其上，挂绳围于其上，以头纳其中，遂去其床，皆雉颈而死。”其中有个朝鲜选献的韩妃，尽管是明成祖生前最宠爱的妃子，却也不能幸免。临终前，她对守候在身边的乳母金黑连声呼唤：“娘，我去了!娘，我去了!”话声未落，便被太监踢开木床，一命呜呼!

明孝陵殉葬的妃嫔葬在何处?从北京十三陵的情况来看，史料记载，陪葬妃嫔葬于十三陵的东井、西井。由于这种墓葬是直落式下葬，没有墓道，故称之为井。明孝陵内也有东、西二井。由于史料没有记载，究竟殉葬妃嫔葬于何处，有待于将来进一步考证。1937年3月，在明孝陵东侧的紫霞洞水坝工地(今紫霞湖)发现一座明代古墓，墓室高约3米，分内外二室，但室内空无一物。1976年，在距离明孝陵西侧约300

八字墙局部

米的山麓处，又发现一座砖砌墓葬，出土了大批雕金首饰和金镯，镯的内部印有“匠作局”三字。由于明代这里曾是禁区，非皇亲国戚不能入葬该地，因此这两座墓很可能是明太祖妃嫔之墓。据《明史》记载，明太祖生前就有两个妃子病故，一个是成穆贵妃孙氏，另一个是淑妃李氏，葬在孝陵的东、西两侧。因此，这两座墓很可能是她们的。至于其余殉葬妃嫔宫女葬在何处，则还是一个谜。

民间传说，朱元璋的丧葬是在同一天由南京十三个城门同时出殡的。明洪武年间，南京有哪十三座城门呢?有句顺口溜说：“神策金川仪凤门，怀远清凉到石城，三山聚宝连通济，洪武朝阳定太平。”那么，朱元璋的灵柩究竟是出哪座城门安葬在孝陵的，还是葬在别处？这的确是一个待解之谜。

八字墙砖雕细部

其实，在明朝就有不同的说法。一说是朝天宫才真正是朱元璋灵柩安葬地；另外一说是朱元璋的第四子燕王朱棣当了皇帝后迁都北京，将他父亲的灵柩随同运至北京郊区昌平万岁山安葬。产生这种说法的原因是，朱元璋生性多疑，怕后人挖掘陵墓，因而采取三国时曹操设置七十二个疑冢的伎俩，使人不知道真正的墓葬在何处？也就无法盗墓了。

事实果真如此吗?且看明朝人是如何剖析的。据王棠《知新录》记载：“俗说朝天宫是太祖葬处。此伪言也。帝王大度，断不如是。”理由说了，但不充分。而清朝金陵人甘熙所作的分析比较全面，也比较可信。甘熙在《白下琐言》一书中分析：明太祖朱元璋建造陵墓，经历几十年，花费巨大财力，岂只是仅为了马皇后考虑?况且建文皇帝仁慈，又如何忍心让太祖的遗骸安置在渺不可知的地方，一帮文武大臣又岂能不知晓此事。万岁山在数千里之外，不可能有这种将灵柩运到千里之外安葬的事。朱元璋虽然猜忌多疑，但究竟自命正统，不会自比曹操，仿效七十二疑冢的伎俩。因此他认为，“朝天宫说”、“万岁山说”、“疑冢说”都是不可信的；而朱元璋葬在明孝陵，则是毫无疑问的。1998 年，江苏省地震局专家与南京市文物部门及中山陵园管理局文物处，对明孝陵地下宫殿情况做了无损精密磁测，从玄宫勘测结果来看，明孝陵宝顶地下存在一个约 4500 平方米的异常空间，表明地宫确实在独龙阜下。

明孝陵的护卫和祭祀

朱元璋入葬明孝陵一个月以后，洪武三十一年六月十六日，建文帝就专门设置“孝陵卫”，专门负责明孝陵的保卫工作。“卫”是明代的常规军编制，一卫有官兵5600人，卫下设所，有千户所、百户所。至今，陵园内还保留了孝陵卫、左所村这样一些明代遗留下来的地名。

孝陵卫图画

由于明孝陵范围很大，沿山所筑皇墙长达22.5公里，因而除了由孝陵卫守军护卫陵寝外，南京的守备官、锦衣卫也派官兵随时在孝陵周围巡视。

明代还制定了许多严酷的刑律来惩治敢于破坏孝陵一草一木的人。例如，谋毁山陵者，不分首从，一律凌迟处死。所谓“凌迟”，又叫剐刑，即零刀碎割，碎尸万段，是一种极其残忍的酷刑。不但如此，其家族中男性16岁以上皆斩，15岁以下及女性家族，一律付功臣家为奴，财产全部藉没入官。知情不报的，也要杖一百，流放三千里。所谓“杖”，即用大竹板打犯人的臀、腿或背的一种刑罚，受到杖刑的人犯，轻则皮开肉绽，重则当场毙命。

此外，凡是盗窃孝陵祭器、帷帐以及享殿内供祭的牲牢馔具之类的，一律处斩；即使盗窃尚未进享殿或还未烹制成的祭品如生肉、蔬果一类食品的，也要被处以杖一百、徒三年的刑罚，并在右臂膊上刺“盗官物”三字。

盗窃孝陵陵园树木的，处以杖一百、徒三年之刑，重者处斩。即使在明孝陵的皇墙外10公里以内敢有开山取石、安插坟墓、筑凿池台以致妨碍孝陵“龙脉”者，也要枷号一个月，发边卫充军。在山陵兆域内因不慎引起火灾的，杖八十，徒二年；有意燃烧林木的，杖一百，充军二千里。

明孝陵内还设“神宫监”，有太监数十名，专司香火祭祀、洒扫种植等事。神宫监隶属广西清吏司，为南京守备太监所直辖，设正四品太监一名，其余还有左右少监、左右监丞、典簿等太监。皇宫里的太监一旦犯了过失，也有被发往孝陵种菜的，叫做“净军”。

在孝陵卫、锦衣卫以及神宫监的内外守卫之下，整个明朝276年间，明孝陵始终得到严格的保护。那时候，紫金山上植松树10万株，养鹿千头，每头鹿都颈挂银牌，称为“长生鹿”，禁止捕猎。明太祖为了让长生鹿得以繁衍生息，特在孝陵卫下设牧马千户所。据说，所已设置，但尚缺典守的官员。有一天，明太祖偶然外出微服私访，来到孝陵附近，归途中突然下起了大雨，他就到一户民宅避雨。闲谈中他问起这家户主的姓名，户主回答说名叫董茂。明太祖善于测字，顿时想起：“董”者，千里草也，马鹿之食。回宫后，他就下旨封董茂为牧马千户所千户官职，官职世袭。明代律令规定，盗窃长生鹿者抵死，因此无人敢犯禁。直到崇祯年间，去孝陵谒陵的人都能看到在林中自由奔逐的银牌鹿。

整个明代对孝陵的祭祀一直是十分重视的。每年要举行三大祭五小祭。三大祭是：清明、中元(阴历七月十五日)、冬至三次；五小祭是圣旦(朱元璋生日)、正旦(正月初一)、孟冬(冬季第一天)及两忌辰(朱元璋和马皇后的去世日，即五月初十和八月初十)，共五次。大祭用牛、羊、猪作祭品，小祭用酒果行香。朝廷还专门设立祠祭署负责祭祀，祠祭署隶属于南京太常寺之下。到祭祀日这天，各衙门文武官员必须全体陪祭。如果祠祭署不将祭祀日期预先通知各衙门，其主管官员就要被处以笞五十之刑，如果因此而误事的话，更要受到杖一百的刑罚。各衙门文武官员临期不到的，令御史纠察；到了之后，如果在祭礼中行礼发生差错失仪的，也要罚俸钱半个月。

清末白描明孝陵图之一

明人张岱曾记述了他在崇祯十六年(1643 年)七月十五日中元大祭之日赴明孝陵参加祭礼的情形，这是明朝灭亡的前一年，祭礼已比较简单了。他写道：

祭品极简陋，朱红木簋(一种古代食器)、木壶、木罇，甚粗朴。簋中肉止三片，粉一夹，黍数粒，东瓜汤一瓯而已。暖阁上一几，陈小铜炉一、小筋瓶二、杯棬(一种未雕饰的杯盏)二，下大几一，陈太牢(祭祀用的牛、羊、猪三牲)一、少牢(祭祀用的猪羊)一而已，他祭或不同，岱所见如是。先祭一日，太常官属开牺牲所中门，导以鼓乐旗帜，牛羊出，龙袱盖之。至宰割所，以四索缚牛蹄，太常官属至，牛正面立，太常官属朝牲揖，揖未起而牛头已入焊所，焊(用开水烫之使半熟)已，舁(抬)至享殿。次日五鼓，魏国至，主祀，太常官属不随班，侍立享殿上。祀毕，牛羊已臭腐不堪闻矣。

懿文太子陵（东陵）的祭祀情况与孝陵相同，也由南京太常寺祠祭署负责。不同的是，孝陵每年三大祭，懿文太子陵却有九大祭，除去与孝陵相同的清明、中元、冬至三大祭外，还有四孟(春、夏、秋、冬四季的第一天)、岁暮和忌辰六次。这是建文帝登基后追谥其父为兴宗时定的祀礼，后来明成祖夺取了皇位，懿文太子陵改称"寝园"，但其祭祀礼却未更改。

建文、永乐时，皇帝都是亲自赴孝陵祭祀。建文四年(1402 年)六月，朱棣率靖难师将入南京，大学士杨荣前往迎驾，他对燕王道："殿下是先入城还是先谒陵？"朱棣顿时领悟，于是先谒孝陵，随即自立为帝。永乐十九年(1421年)，明成祖迁都北京，南京作为留都，还保留了各部衙门。后来正德十五年(1520 年)，明武宗南巡抵达南京，也曾亲谒孝陵。此后，前来孝陵谒陵的明朝皇帝只有朱由崧一人。明朝即将灭亡时，福王朱由崧在南京登极，年号弘光，史称南明。但这个弘光皇帝是个沉溺于酒色的昏君，只做了一年皇帝，就沦为清兵的阶下囚。

清末白描明孝陵图之二

明朝迁都北京后，凡遇皇帝登极，都要派勋戚大臣祭告孝陵。弘治十七年(1504年)又规定,凡到南京赴任或路过的官员,进城出城都要到孝陵谒陵,违者必究。亲王之国(赴所封之国)过南京者,官员以公事入城者,都必须先谒陵,出城者要辞陵。

嘉靖十年(1531年)二月,明世宗下诏改钟山为神烈山,并在下马坊东36米处,立了一块巨大的石碑,镌刻“神烈山”三个大字。碑额上刻有“圣旨”二字,上款刻“嘉靖十年岁次辛卯秋九月吉旦”,下款是“南京工部尚书臣何诏侍郎张羽立石”。神烈山碑原有四方形碑亭,现尚存石柱础四个。这块碑石出自宜兴山中,高4米,宽1.46米,厚0.37米。要把这样一块重达十几吨的巨碑从数百里之外翻山越岭运来,这在古代该付出多么艰巨的劳动!不过既然是皇帝钦定的旨意,也就不足为怪了。

朱元璋为了永保大明江山,煞费苦心。然而,他的后代却并不争气。明朝的皇帝,除了明太祖和明成祖有所作为以外,其余的皇帝不是昏愦无能的庸人,就是荒淫凶残的暴君,根本不把明太祖的祖训放在心上。有的皇帝从来不想治理朝政,甚至几十年都不见大臣一面。从成化七年到弘治十年,共26年之久,两个皇帝都没有和廷臣见过面。明武宗荒淫无度,南涉北游,哪里还有心思过问国家大事。嘉靖皇帝一心修仙崇道,但求长生不老,四十多年只召见过一次大臣。万历皇帝是个酒鬼,每日必饮,每饮必醉,每醉必怒,动辄笞打宫人,暴虐至极,被他打死的宫女竟在千人以上。天启皇帝是个“木匠皇帝”,喜好操弄斧锯,终日做些小玩艺,却把国家大事交给宦官魏忠贤去处理,弄得天下怨声载道,民不聊生。到崇祯皇帝即位,明朝气数已尽,局势难以收拾,农民起义的烈火已严重威胁到明王朝的统治。崇祯皇帝召集大臣商议,认为是孝陵龙脉被凿,王气被泄,以致社稷动摇。崇祯十四年(1641年),他下旨在明孝陵立了一块“禁约碑”,重申保护孝陵,严禁破坏孝陵龙脉,违者从严惩治。碑文曰:“仰瞻孝陵,关系根本。祖脉发自茅山,鲜原开于钟阜,龙蟠凤翥,属万年弓剑之藏;虎踞牛眠,衍千载园陵之祚。抔土为重,岂容损伤。国初刊有榜文,大彰明禁。无奈年久迹湮,法弛人玩。或过陵不敬,或翦伐树株,或开窑烧造,或采取土石,因而凿伤龙脉,妨碍风水……今后大小官员军民人等,敢有仍前不法,故违明禁者,即据实指参,按律处以极刑,决不轻贷。”

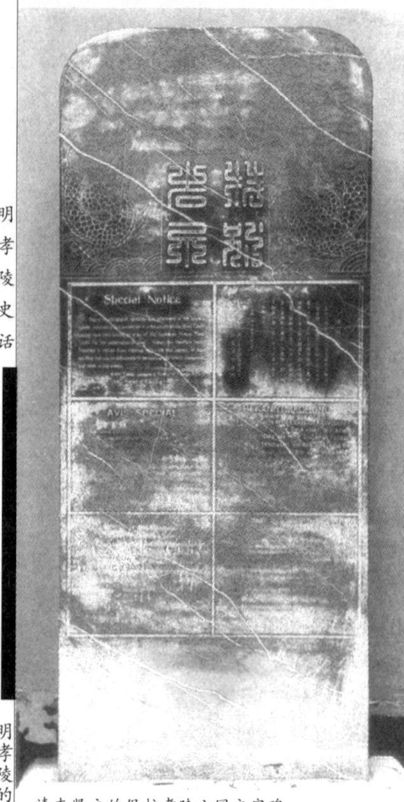
清末竖立的保护孝陵六国文字碑

崇祯末年，因明孝陵二百多年来一直禁止伐树，以致枯死松木甚多，有发生火灾之虞。孝陵太监奉命清除朽木，于是数百年参天大树，悉遭砍伐，孝陵杉板，沿街贱卖。当时南京百姓就私下议论纷纷，说皇帝伐卖祖宗坟树，是不吉之兆。崇祯十五年(1642 年)，朱成国和王应华奉敕修孝陵，把三百年以上大树全部砍伐一空，树根掘至地下数丈，民间又传伤了孝陵龙脉，王气被泄，以致有甲申之变。

明朝灭亡以后，明孝陵开始遭到破坏，首先遭劫的，是孝陵的银牌长生鹿和紫金山林木。清人陈文述《秣陵集》中记载："孝陵之建有松十万株，长生鹿千，今则林木仅有存者，鹿亦杳不可见，陵户间有收得银牌者耳。"王源鲁的《小腆纪叙》中说："灵谷寺有僧失其名，江宁之破，土人无赖者争盗孝陵木。主僧印公宣言于众曰：'君虽出，国虽破，犹有高皇帝在天之灵，吾与若辈同受恩于兹，安可遽忘其泽？'众皆唯唯，而此僧独奋出，夺盗木者锯斧，被杀。僧函可曰：'高皇帝有一僧矣。'……是僧死，无复与盗争者。倪嘉庆哭告豫王，始出令禁之。"这段文字真实地记载了南明灭亡以后，紫金山林木遭人为盗伐的情形。所以，屈大钧在清初谒孝陵时感叹道："旧有松数十万株，苍翠阴森，与岩石云林相蔽亏，皆六朝古物。今弥望无一存矣。"魏世效也记载道："环陵而望，山高阔而无树。二游人云：昔者山多紫气，佳木数百万，天晴明时，日光照耀如金色，呼为紫金山。今树之为金陵人薪者有年矣。"

不但森林遭到破坏，孝陵建筑也有损坏。屈大钧记道："有牧马一番儿方斫殿柱，柱上金龙鳞爪半欲摧残。臣大钧予以多钱拜之而求免。"魏世效也写道："殿柱三十有六，去地二尺许皆为刀斫伤，或折柱三分之二。游人更相谓曰：以兵刃伤殿柱者非他人，岁己亥，郑氏兵至，不识楠木，而以为异香也，遂斫削而去。"郑氏是指郑成功，郑成功曾于1659年率海师进攻南京，但为清兵所败。

总之，由于明朝灭亡，孝陵成为无主之陵，原有守陵太监及禁卫军纷纷散去，守护无人。孝陵殿两侧的左右庑成为储藏马粮的地方，孝陵内外有人公然放牧马羊，种植蔬菜。

清朝顺治二年(1645年)五月十五日，豫亲王多铎率兵攻到南京城下，南明灭亡。5月17日，多铎亲自谒明孝陵，见孝陵殿遭到破坏，遂命灵谷寺僧修理。秋七月，又派太监2人、陵户40名守护明孝陵。

明孝陵在清代咸丰年间遭到太平天国战火的严重破坏。战后，同治三年(1864年)九月，曾国荃奉诏祭明孝陵并着手修理，经派员实地勘估，全部修复约需银20万两。清政府财政拮据，无力修复。结果，只用了740两银子在同治三年、八年和十二年几次修筑了一些小工程，包括在享殿原址修建守陵人住屋三间（即现在的享殿），补砌周围围墙，内外添做栅栏门各一道，重竖倒地破碎的御碑等。直到今天，明孝陵仍基本保持着同治年间重修的面貌。

民国年间拍摄的明孝陵鸟瞰图

祭谒过明孝陵的清朝康熙皇帝

明孝陵包蕴着深刻的东方文化内涵。明清两代的多位皇帝及许多政治家、文学家，中华民国临时大总统孙中山均曾拜谒、凭吊明孝陵。撰写题款、抒发见解和情怀的诗文不胜枚举。而明孝陵所体现的中国礼仪精神，也是一份珍贵的东方文化遗产。

清朝统治者出于笼络人心、巩固统治的需要，对明孝陵以及历代帝王陵都采取了保护的政策。不仅如此，清朝皇帝还多次派官员祭陵，甚至亲自前往明孝陵祭祀、谒陵。

清朝顺治元年(1644 年)六月，清世祖派大学士冯铨谒明太祖陵；顺治十七年九月二十五日，命礼部每年春秋两次由太常寺差官员致祭明孝陵和历代帝王陵。

康熙皇帝(清圣祖)曾六次南巡，其中五次亲自拜谒明孝陵。

第一次是在康熙二十三年(1684 年)十一月初二，康熙皇帝亲谒明孝陵，由甬道旁行，命随从官员门外下马，康熙皇帝躬行三跪九叩大礼。到宝城前，又行三献礼，奠酒三爵，然后由甬道旁出，赏赉守陵太监及陵户人等，并特谕："尔等在陵看守，宜小心谨慎加意巡视，勿致附近无知民人旗丁，恣行作践。”这次谒陵经过由总督两江兵部侍郎王新命刻石纪事，现碑尚存于明孝陵碑殿东侧。

第二次是康熙二十八年二月癸亥，康熙皇帝第二次南巡，以吉祥街织造署为行宫，第二天亲祭明孝陵，仍行三跪九叩礼，并赐守陵人钱。

第三次是康熙三十八年夏四月己酉，康熙皇帝第三次南巡至江宁，谒明孝陵，亲至宝城前，并作《过明孝陵有感》诗一首，诗云：

拔起英雄草昧间，
煌煌大业岂能删。
玉鱼金椀虽无故，
烟雾迷离独怆颜。

两天后，康熙皇帝又亲笔题写了“治隆唐宋”四字，交江南织造曹寅制匾悬挂于孝陵殿，并刻石以为永久纪念。又命江苏巡抚宋荦、织造郎中曹寅会同修理明孝陵倾圮的墙垣。

第四次是康熙四十二年春三月，康熙皇帝南巡至江宁，这一次他没有谒孝陵，而是派大学士马齐祭明孝陵。

碑　殿

“治隆唐宋”碑

祭谒过明孝陵的清朝乾隆皇帝

康熙四十四年夏四月，清圣祖康熙第五次南巡至江宁，亲谒明孝陵，自东角门入，率诸皇子及大臣侍卫等行礼。

康熙四十六年春三月，他第六次南巡（也是最后一次南巡），这次康熙皇帝又亲谒了明孝陵。

乾隆皇帝登基后学其祖父，也六次下江南，并六次亲自拜谒了明孝陵。第一次是乾隆十六年(1751年)三月谒明孝陵，敕禁樵采，并题对联一付："勘乱安民，得统正还符汉祖。立纲陈纪，遗模远更胜唐宗。"横批："开基定制。"又作七律一首，即现在明孝陵碑殿中西首的一块立碑上所刻的诗。第二次是在乾隆二十二年春三月己酉，皇帝移跸江宁，次日谒明孝陵奠酒。第三次是在乾隆二十七年三月已未谒明孝陵，作七律诗一首。第四次是在乾隆三十年闰二月壬午谒明孝陵，作七律一首。第五次在乾隆四十五年春三月丙午谒明孝陵，又作七律一首。第六次在乾隆四十九年闰三月甲子，谒明孝陵，作七绝一首。

清代每年春秋两次祭祀明孝陵，并在江宁地方官内专派一人负责明孝陵的修理工作，有两名太监和 40 名陵户看守明孝陵。乾隆十六年三月，裁减了两名守陵太监，只留陵户看守。雍正、嘉庆年间，皇帝都曾诏令修理明孝陵。总之，在太平天国以前，明孝陵的主要建筑还是保存得比较完好的。

清朝皇帝尊崇朱元璋、保护明孝陵，其目的在笼络人心，特别是收买汉族的知识分子，以巩固其少数民族的异族统治。但是，仍有不少知识分子，特别是一些明朝遗臣，心怀故国，不愿仕清。他们在明朝灭亡以后，来到明孝陵，追念先帝，无限伤感。其中最典型的是顾炎武。顾炎武曾任明朝兵部郎中，清兵入昆山，他的母亲绝食而死，临终前留下遗命，要顾炎武不要做清朝的官。后来，康熙皇帝得知顾炎武的才学，曾召他修明史，顾炎武没有从命。他生前曾七谒孝陵，还在紫金山下赁屋卜居。他写过多首拜谒孝陵的诗，以表达怀念故国的心情。他还绘制明孝陵图，以便传之后世，可惜其图已经失传。此外，屈大钧、魏世效、谈迁、阎尔梅等，也都曾多次谒陵。阎尔梅在其谒陵诗中，表达了亡国之臣的悲痛心情：

石像摧残缀野藤，鹿狐蛇蟒迹崚嶒，
樵夫见我徘徊久，放担前来痛不胜。
朔望谁司寝殿灯，中官一个老为僧，
窥余行礼月墀下，讶道多年自未曾。
咄咄江山一旦崩，朝天宫穴亦难凭，
孤臣二十余年泪，忍到今秋洒孝陵。
金井罘罳碎作绳，茅荒隧砌结寒冰，
斜阳欲下归来晚，塔火遥看十二层。

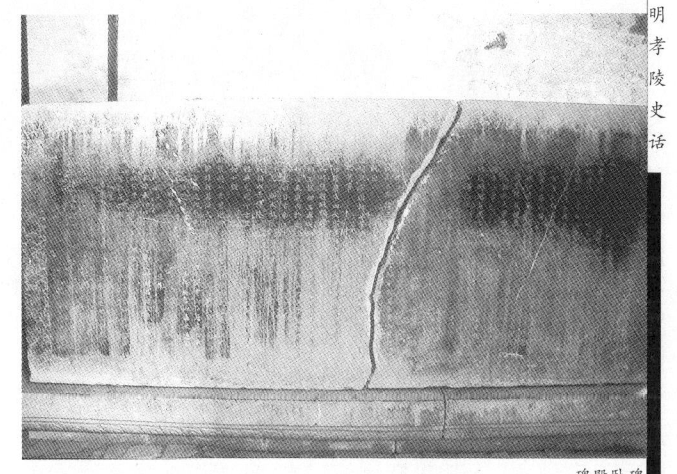
碑殿卧碑

在清朝统治的200多年中，广大汉族同胞深受满清贵族的民族压迫。尽管康熙、乾隆等皇帝多次谒陵，企图淡化汉族同胞的民族意识，然而，许多反抗清王朝统治的汉族志士，却并未忘记“扬州十日”、“江阴屠城”的民族仇恨。朱元璋生前虽然滥杀无辜，但他推翻元朝异族统治、恢复汉家民族独立的功绩，在反清的汉民族志士的心目中却是有着崇高的地位。一些农民起义领袖曾以“反清复明”为号召，就充分证明了这一点。太平天国定都南京以后，洪秀全就曾亲自率领文武百官晋谒明孝陵，并发表祭文一篇，自称“不肖子孙”，称明太祖为“吾皇”，说自己是“依吾皇遗烈，定鼎金陵”，“以体吾皇之心”。

孙中山先生对明太祖也很尊崇。因为就“驱除鞑虏，恢复中华”这一点而言，孙中

孙中山祭明孝陵

山领导的辛亥革命推翻满清，与朱元璋推翻元朝异族统治是有相似之处的。当然，明太祖是个封建帝王，孙中山却是民主革命家，这是无法相比的。孙中山在《同盟会宣言》中说："前代革命如有明及太平天国，只以驱除光复自任，此外无所转移。我等今日与前代殊，于驱除鞑虏、恢复中华之外，国体民生，尚当与民变革。""故前代革命为英雄革命，今日为国民革命。"

尽管如此，就民族革命而言，孙中山还是继承了朱元璋恢复中华的精神。所以，中华民国创建伊始，孙中山就惦念着要去晋谒明孝陵。但是由于北方各省还没有完全光复，清王朝还没有打倒，晋谒明孝陵一事未能立即成行。1912 年 2 月 12 日，清帝宣布退位，三天后，即 2 月 15 日，孙中山亲自率领南京临时政府的文武官员，赴明孝陵谒陵，祭奠明太祖，并发表祭文一篇：

中华民国元年二月十五日辛酉，临时大总统孙文，谨昭告于大明太祖开天行道肇基立极大圣至神仁文义武俊德成功高皇帝之灵曰：

呜呼!国家外患，振古有闻。赵宋末造，代于蒙古，神州陆沉，几及百年。我高皇帝应时崛起，廓清中土，日月重明，河山再造，光复大义，昭示来者。不幸季世扰，国力疲敝，满清乘间，入据中夏。嗟我邦人，诸父兄弟，迭起迭踣，至于二百六十有八年。呜呼！时怨时恫，亦二百六十有八年也，岁在辛亥八月，武汉军兴，建立民国。义声所播，天下响应，越八十有七日，即光复十有七省。国民公议，立临时政府于南京。文以薄德，被推为临时大总统。瞻顾西北，未尽昭苏，负疚在躬，尚无以对我高皇帝在天之灵。迩者以全国军人之同心，士大夫之正谊，卒使清室幡然悔悟，于本月十二日宣布退位，从此中华民国完全统一，邦人诸友享自由之幸福，永永无已，实惟我高皇帝光复大义，有以牖启后人，成兹鸿业。文与全国同胞至于今日，始敢告无罪于我高皇帝。敬于文奉身引退之前，代表国民，贡其欢欣鼓舞之公意，惟我高皇帝，实鉴临之，敬告。

孙中山祭明孝陵时留影

后来，北伐成功，国民党定都南京，清明节被定为“民族扫墓节”。每年这一天，南京国民政府的文武官员仍要到明孝陵来谒陵。

明孝陵的调查、保护和管理

经考古人员清理后的陵宫门基址

孝陵考古

文物利用的前提是保护，而保护的前提是查清文物的布局、结构和内涵，这项工作又必须依靠文物考古学来解决。为此，从 1998 年起，在国家文物局的资助下，在江苏省文化厅、南京市文物局的支持下，由考古学者贺云翱主持，南京市文物研究所、中山陵园管理局文物处有关人员参与的“明孝陵考古”课题正式启动。到 2002 年止，在连续五年的时间里，考古人员先后调查了孝陵陵域，勘探了孝陵地宫，清理发掘了神道棂星门基址、陵宫门遗址、陵宫内神厨、具服殿及东井亭遗迹、东配殿、西配殿、明楼影壁基址、陵宫东垣外护墙壕及从地下横穿陵宫的排水通道遗迹等。这些成果逐一填补了过去工作的空白，弥补了明孝陵相关资料的缺失，为从整体上认识孝陵的风水地貌、设计思想、布局结构、营造技术、建筑用材风格，以及在不同时期的变化、文化内涵、文化特征、文化地位等提供了科学依据，特别是相关的考古发现为明孝陵的保护完成了基础性工作。经对发掘出土的遗存或做整体复原，或做成遗址性公园对公众展示，都收到了良好的效果。

考古人员正在东配殿遗址考古现场

整修后的东配殿遗址

在南京建都史上，明朝相对而言是一个比较晚近的朝代。作为明朝开国皇帝的陵寝，孝陵距今不过600多年，但是，由于历代史料的失载以及孝陵地面建筑的严重损毁，今天，我们要弄清楚明孝陵的建筑内涵已经比较困难。比如其陵宫门（一称“文武方门”），从20世纪50年代以来，专家们就认为是五座券顶门。

西配殿遗址

神厨遗址

20 世纪 80 年代由文物出版社出版的《明孝陵》一书中就是这么描绘的。1997 年，中山陵园管理局拟复建陵宫门，并邀请古建筑专家做了复建设计。国家文物局指示，明孝陵作为全国重点文物保护单位，复建前一定要对陵宫门基址做考古发掘，在发掘的基础上最后确定建筑设计方案，以保证文物复建工程的科学性。经考古发掘，发现过去的认识有误：陵宫门的五座门道中，只有正门三洞为券顶式，而左、右掖门洞则为平顶过梁式。根据这一发现，古建筑专家及时修改了图纸。现在耸立在游人面前的陵宫门才符合明初的帝陵规制。试想，如果没有考古发掘提供的证据，复建出来的将是一件有错误的“假文物”，那将愧对前贤，贻误后人。因此，明孝陵陵宫门的考古发现及其对文物复建工程的作用得到了当时国家文物局文物保护司负责人孟宪民先生的充分肯定，要求将这次发现收入国家文物局主编的《1998 中国重要考古发现》一书中，并同时在《中国文物报》上介绍此项工作的过程和意义。

陵宫门的发掘不仅纠正了历史的失误，同时也为我们了解埋藏在地下的门址结构提供了机会。经清理，考古人员发现五座门道均保存了砖砌路面、门道边墙残基、门枕石、石栓洞和过门石等遗存。其中正门三洞结构相同。

门道内门臼和门槛放置处用青石铺成，其余用砖竖砌，门道基础由七层砖砌成，砖下还铺垫一层厚10厘米左右的纯净黄黏土。每块砖之间都用白颜色的浇浆黏合剂粘接，非常牢固。据说，这种黏合剂是用糯米汁拌石灰做成的，用它砌墙，不仅结实，而且还有一定的抗震性。考古人员发现，有些白色黏合剂出土时还有弹性，这种既牢固又有弹性的特点大概就是它可以“抗震”之说的缘由吧。以正门西洞为例，门道宽3.07米、纵深3.80米，门道两壁用水磨青砖拼缝砌成，门道路面外侧以3块厚青石板铺造，石上留有清晰的门槛痕迹。

在考古发掘中，出土了一批明代琉璃建筑构件，包括脊瓦、板瓦、筒瓦、龙纹瓦当和仿木构件的斗拱、椽、枋等黄、黑、绿色琉璃制品。特别让人感兴趣的是，在东掖门外一条深沟中还出土了南朝至唐代的青瓷片，唐宋时代的陶瓦当、筒瓦、板瓦，宋代青白瓷、黑瓷片等。这些材料验证了明孝陵之前的本地历史——明孝陵陵宫所在的独

西配殿门道清理后的状况

陵宫护墙濠

横穿陵宫的地下排水通道

龙阜一带原是梁代开善寺的地盘。开善寺起因于南朝神僧宝志。据说，南朝梁代时，一天，当朝皇帝梁武帝萧衍偕宝志去登钟山定林寺，走到独龙阜时，宝志指着这块地说："地为阴宅，则永其后。"武帝问："谁当之？"宝志说"先行者当之。"这段话的意思是神僧宝志认为独龙阜这块地方是一个风水宝地，如果把它用作死后埋葬的地方，那么对埋葬者的后代很有好处。梁武帝问：谁能拥有这块地方呢？宝志讲：我们两个人中，谁先去世谁就有缘埋在这里。梁天监十三年(514年)十二月，宝志先于梁武帝圆寂，享年97岁，梁武帝作为一国之君，果然不食前言，出资20万元买下独龙阜地皮埋葬了宝志，并在墓地兴建开善寺。他的女儿永定公主还用自己的嫁妆费用为宝志建五级浮屠，称"志公塔"。开善寺从梁代以后就没断过香火，唐朝至宋元及明初时先后改称宝公院、太平兴国寺和蒋山寺等，历代有不少名人如王安石等均到此活动过，洪武九年(1376年)，朱元璋下令迁走千年古刹蒋山寺，后来赐地于东冈重建，此即留存至今的灵谷禅寺。这段历史，过去在文献上可以读到，现在孝陵陵宫门基址下竟然也有南朝和唐、宋的文化遗物，这正是对孝陵建造之前本地历史过程与文化特点的一个最好佐证。

孝陵考古发掘中还有一处重点是东、西配殿。过去，人们进入文武方门，只能穿行于中轴线上，经碑殿(即原孝陵享殿前门基址，清代改为碑殿)、享殿基址、内红门到宝城明楼。实际上，当年孝陵陵宫内中轴线两侧还各有一组建筑，以作祭祀辅助用房。晚清太平天国起义时,孝陵一带成为太平军和清军"江南大营"争战之地。孝陵遭此不幸,几乎所有的地面木结构建筑全部在战火中化为灰烬。此后陵宫内左右侧建筑遗存逐步被泥土草木覆盖,最后成为历史之谜。1999 年春天,考古人员勘探发现了埋于地下的东配殿基址,此后又陆续发现西配殿、神厨、具服殿等建筑基址。现在,这些基址都在考古发掘的基础上做了原地保护展示,让人们看到孝陵陵宫内当年建筑物的整体布局和功能分区。

这些发掘出土的建筑基址遗存是值得做重点介绍的。以东配殿为例:该殿基位于享殿台基以东约 5 米处,整组建筑平面作南北向长方形,不过,它的大门坐东朝西,即门对着享殿前的大庭院。配殿建于高大的台基上。台基由纯净黄土和卵石或块石分层夯筑而成,每层厚约 10~14 厘米。过去,考古工作者在明故宫遗址内也发现过这种台基构筑方法,可见明代早期皇家建筑物所使用的高大台基具有相似的施工技术。台基残高最高处约有 1.2 米,最低处已与现在地表在一个平面上,可见台基被后世破坏之甚。台基四周原以城砖砌筑台明,现仅存砖础。台明南北长 66.84 米,东西宽 10.3 米,面阔十五开间,规模相当惊人。东配殿进深方向上有前檐柱、后檐柱、前金柱、后金柱,属典型的官式建筑布局。台基上下挖掘出土 64 个柱顶石(柱础)基坑和部分柱顶石实物及埋于柱顶石下的砖构磉墩,同时出土的还有角柱石、墙、路面、门道、散水、排水沟等遗迹。别看这些柱顶石线条简约,其在建筑史上却有着重要意义。那硕大的正方体上雕出一个凸起的圆盘形状的造型,是朱元璋时代的独创,被建筑学家们称为鼓镜式柱顶石。其一直影响到后来北京的皇宫、陵寝、衙署等几乎所有建筑物的建筑风格。由此可知,孝陵

孝陵出土的彩釉螭吻

出土的时代风格鲜明的明朝早期柱顶石也是珍贵的文化遗物。

孝陵陵宫中发掘出土的另一重要建筑遗存是神厨基址。它位于陵宫内享殿前门东南部。神厨是为孝陵祭祀时制作祭牲的处所,原先亦建造在高台基上。考古人员发现,台基的上部局部已遭破坏,埋于地下的部分保存较好,其构筑技法与东配殿、西配殿等相同,只是在台基高度上比配殿低一等级。神厨建筑坐东朝西,门向正对陵宫门与享殿前门之前的庭院,建筑平面南北长 27.5 米,东西宽 11.3 米,面阔五开间。考古人员在南北两梢间各清理出一处有火烧痕迹的铺砖遗迹,认为此与神厨内的灶塘有关。

与东配殿遥相呼应的是西配殿,与神厨东西互对的是具服殿,它们的基址都被考古人员挖掘出土。在东、西配殿遗迹前,

孝陵出土的龙纹瓦当

孝陵出土的彩釉蹲兽

明孝陵“雀池”遗物

孝陵出土的彩釉仙人

孝陵出土的彩釉蹲兽

还出土了焚烧祭祀奠帛所用的东、西神帛炉基址。在神厨和具服殿前，则分别清理出土了东、西井亭遗存，其中东井亭位于神厨基址前方左侧，亭址平面呈六边形，每边长3.8米，亭周围出土内外两圈柱础，柱顶石还大多完好地埋藏于地下。井周围铺有青砖地面，在井之东侧设石板阶道与神厨相通。井亭中间有砖券水井一口，井口直径0.8米，深17.5米。考古人员深入井下清理出土了木质水桶、石雕望柱头、石刻栏板等遗物。在神厨和东井亭附近，还发掘出土两件石刻“雀池”遗物，池长3.1米，宽1.2米，高0.25米。这种石池是放置米麦、清水，用于喂饲野鸟的器物，据说可以起到“施食”和让陵寝免遭“饿鬼孤魂”打搅的作用。

明孝陵考古人员还与江苏省地震局地震工程研究院的专家张治天等合作，采用精密磁测技术对明孝陵地宫做了无损性探测，结果发现在宝城内地下深处有一面积达4000多平方米的建筑区，通向该建筑区的地下墓道偏处宝城一侧，长达100多米。至此，过去民间有关朱元璋去世时南京十三个城门出棺，不知他埋在什么地方的传说也在事实面前得到澄清。

根据文献记载，明孝陵陵宫内的配殿、神厨等主要是为孝陵祭祀活动服务，体现了孝陵独有的形制和功能分区。可惜长期以来，人们对于这些建筑基址的具体格局并不清楚。这次在陵宫中轴线左右两翼发现的两组建筑，南北排列，体量庞大，互有关联，但又各具功用，主次分明，反映了当年孝陵陵宫内的建筑规划特点和礼制要求。这些考古发现，弥补了历史文献记载的不足，丰富了明孝陵的文物内涵，为研究明代初年的帝陵制度，恢复明孝陵的历史原貌，认识明孝陵所具有的历史、科技和艺术价值提供了确切的依据，同时也为进一步做好明孝陵的文物保护和展示，以及开发利用相关的历史文化旅游资源创造了条件。

明东陵考古

明东陵是明太祖朱元璋长子朱标的陵寝。朱标，元至正十五年（1355 年）出生于太平（今安徽当涂县）陈迪家。时朱元璋刚刚率军从和州（今安徽和县）强渡牛渚矶，攻取太平路，正在做东取集庆（今南京）的准备。朱标可谓生于兵马倥偬之中。

东陵考古前的地面状况

1364 年，当朱元璋在应天（今南京，1356 年朱元璋夺取集庆后改集庆路为应天府）称吴王时，朱标被立为王世子，并随当时著名的学者宋濂受学。洪武元年（1368 年），朱元璋做了开国皇帝，朱标也被正式立为皇太子。朱元璋并为其设东宫官，以左丞相李善长兼太子少师，右丞相徐达兼太子少傅，中书平章军国重事常遇春兼太子少保，右都督冯宗异兼右詹事，中书平章政事胡廷瑞、廖永忠、李伯升兼同知詹事院事，中书左、右丞赵庸、王溥兼副詹事，中书参政杨宪兼詹事丞，傅献兼詹事，同知大都督康茂才、张兴祖兼左右率府使，御史大夫邓愈、汤和兼谕德，御史中丞刘基、章溢兼赞善大夫，治书侍御史文原吉、范显祖兼太子宾客。当年又选国子生国琦、王璞、张杰等十余人在宫中陪伴太子读书，再选梁贞、王仪为太子宾客，秦庸、卢德明、张昌为太子谕德。当时朝中文韬武略之士或“辅成太子德性”，或督太子“不忘武备”，居安思危，从中可见朱元璋对培养皇位接班人的良苦用心。

据《明史·兴宗孝康皇帝传》记载，洪武十年(1377年)，明政权早已一统天下，政局稳定。朱元璋命令“自今政事并启太子处分，然后奏闻”。也就是事关国家大计的事项，先报告太子朱标处理，然后再告诉我朱元璋，目的就是为了让朱标在实践中锻炼经国之才。同时朱元璋还告诫朱标“守成之君，生长宝贵，若非平昔练达，少有不谬者，故吾特命尔日临群臣，听断诸司启事，以练习国政”，并以自己“戴星而朝，夜分而寝，尔所亲见”的事实，要求太子“体而行之”，以造福于天下。也就是说，从1377年起，朱标即开始协助他的父亲处理国家政务，直至去世，时间长达15年。其理政地点在宫城内文华殿，就

东陵寝园外东北侧的排水沟

东陵寝园外北垣多次加砌遗迹的出土状况

是今天南京航空航天大学北大门正对面一带。史书上说朱标“通经史大义”,“宽仁平敏，于刑狱多所减省”、“天性友爱”,其渊博的知识和仁厚的品性为天下共知。方孝孺在《懿文太子挽词》中评价他“盛德闻中夏,黎民望彼苍。少留临宇宙,未必愧成康”。将朱标比拟于西周时代著名的成、康二王,甚为推崇。洪武二十四年,朱标奉朱元璋之命巡抚陕西,目的是前去考察西安一带是否适合建都。当时朱元璋虽然已以应天为南京、开封为北京,临濠为中都，但御史胡子祺上书认为:“夫据百二河山之胜,可以耸诸侯之望,举天下莫关中若也。”朱元璋也许打算在西安再建一“西京”以控制西北及北方地区,于是特派朱标前去考察。实际上,早在洪武十八年,朱标已主持过明祖陵的建造工程,祖陵之制综合采纳明中都、明皇陵及孝陵之优点,建内外三道城墙,自外向内分别为外罗城、砖城和皇城,陵园中轴线上设神道、金门、享殿及玄宫,其他如具服殿、宰牲堂、神厨、祠库、祠祭署等均各依方位,布局严谨而合理。朱标从中应该积累了一定的主持国家大型工程的经验,让他去西安考察建都之事亦在情理之中。可惜,也许是途中劳累过度不幸染病,待朱标从西安回到京师后“献陕西地图,遂病”。史书中记载他于“病中上言经略建都事”,抱病考虑国家大事,堪称忧国忧民。谁知朱标这一病就未再起床,洪武二十五年四月不幸谢世,终年 38 岁。朱元璋不但老年失子,而且同时也失去了一位精心培养多年的皇位接班人,因此极其痛心,令将太子葬孝陵之左,史称“东陵”。

按说,朱标曾为皇太子 25 年,又长期协助朱元璋处理国政,于国家多有贡献,更

东陵享殿台基修复后的状况

是为国事染病身亡，加上其子朱允炆继承了朱元璋的皇位，他被追尊为皇帝，其陵寝应该受到后人的重视。然而，也许恰恰是因为他的儿子做了几年短命皇帝后又被朱棣推翻，不仅“建文”四年的政事被一笔抹杀，朱标及朱允炆这一嫡长支裔被迫害杀戮殆尽，甚至政治上的权力之争，也一并祸及到早已入土的朱标。朱棣一上台，便取消了朱标的帝号，东陵也从追认的帝陵再次降为“太子陵”，地位急剧下降。民国时期王焕镳编《明孝陵志》时，对东陵虽有所记载，但同一书中竟然就陵寝位置出现两种说法，一说在梅花山西约今中山植物园内，即明孝陵“棂星门之东，有小山特起穹窿，为吴王山（按：即今梅花山），有钟山亭，西有菜房桥，桥西为明懿文太子东陵”。一说在孝陵之东。也许正是因为《明孝陵志》的误导，以致到了1997年，还有专家认为东陵位于孝陵棂星门基址及梅花山之西。

事实上，早在20世纪90年代初，已有学者根据《明太祖实录》和顾炎武的《建康古今记》提供的线索，在孝陵之东约80米的丛林中，就发现了东陵某建筑遗迹，推测它们可能与大殿和陵门有关。到了1998年，真正揭示明东陵遗址的机会终于来到了。这一年，南京市文物研究所和中山陵园管理局文物处在合作进行明孝陵考古过程中，按照中山陵园管理局的要求，明东陵考古被提上议事日程。当年12月，该局局长王学智、党委副书记刘伯生、副局长史爱玲及文物处处长王前华等正式要求考古人员提出考古工作方案。1999年3月，有关专家为保证东陵考古方案的准确性，在明孝陵东、西两侧开展全面调查，结果还真的在梅花山以西中山植物园内发现一处

2002年发掘出土的东陵寝园附属建筑“工”字殿遗址

明代建筑遗存。但是,经过对实物和文献资料的认真分析，考古人员认定明东陵遗址应是孝陵以东一处建筑遗存（考古人员推论中山植物园内的明代建筑遗存与朱元璋嫔妃墓地有关)。1999年5月14日,江苏省文化厅文物处、南京市文物局、中山陵园管理局有关领导在帝豪花园专门就明孝陵及明东陵考古工作召开会议，对东陵考古提出了指导性意见，要求在考古调查、勘探及遗迹清理的基础上将东陵做成富有特色的遗址公园。这也得到了国家文物局文物保护司领导的赞同。从1999年5月下旬到2000年5月下旬,经过陆陆续续一年多的野外考古,明东陵的大概面目终于得到了揭示。

考古结果表明,东陵寝园位于孝陵陵宫东垣以东约60米处,与孝陵毗邻,北依山地,南临一片平岗,孝陵第二道御河从陵园东侧流过,也就是说孝陵和东陵处于同一陵域内。东陵寝园坐北朝南,所有建筑均呈中轴对称布置,南北纵深94米,东西总宽49.8米。从南往北由两进院落构成,第一进院落包括寝园大门、享殿前门以及环绕两侧的弧形园墙;第二进院落中心建筑为享殿,东、西、北三面有园墙围护。寝园以北约300米处是隆起的宝顶。

享殿前门和享殿都建在高台基上,台基用黄土和卵石逐层夯筑而成,它的建筑技法与明孝陵东配殿的台基遗址是一样的。台基四周用城砖加石灰浇浆砌护墙,坚固且美观。少量砖上模印有文字。享殿前门基址长约 20 米、宽 13.5 米，从残存的柱础判断，该建筑原面阔三开间，进深二开间，殿前有宽大的月台基址，北面有三条踏垛及道路通往享殿，其中中央一条道路的下部垫筑高于陵园地面的路基。享殿台基东西长 33.34 米、南北宽 18.7 米，残高约 1 米余。遗迹显示，该建筑坐北朝南，面阔五开间，进深三开间。基址四周的地下保留着砖石构筑的散水、台阶、踏垛、路面等遗迹。根据出土遗物判断，享殿顶部覆盖绿色琉璃瓦和部分黄色琉璃瓦，室内地面铺大方砖。享殿前月台基址东西长约 18 米，南北宽约 10.5 米，月台东西两侧原有石砌台阶可供上下，现存台阶基础宽 2.3 米，长 2.79 米。

东陵出土的铭文砖

由于东陵寝园所在位置偏低，所以排水设施较为齐备。它的北垣被特意加宽，达 3.1 米，而陵园东、西墙宽不过 1.2 米。北墙的外墙面还用城砖或条石做基础，显然是为防止宝顶来水冲刷墙体而设。陵园东侧的外排水系统已被挖掘出土，它由宽大的明沟、过水涵道所组成，其中过水涵道处立有两排石柱，每排五根，石柱断面呈棱形，以减少对来水的阻力，由此可见当年造陵者用心良苦。陵园内排水系统主要是通过各种建筑物附近的明沟，将水汇集到园内第二进院落的东南角，顺石砌涵洞从地下砖砌阴沟汇到东部御河中。

考古人员还发掘出土了一大批建筑构件及其他遗物，包括享殿和享殿前门所用的大型石雕柱础、角柱石、台阶石、月台台基阶条石，绿色、黄色、彩色琉璃构件，还有生活遗物，如明代青花瓷片、残陶器及古钱币等。其中以琉璃构件最为精美，它们包括黄釉或绿釉龙纹勾头、素面勾头、龙纹、西番莲纹滴水，彩釉螭吻、套兽、蹲兽等，构图华美，釉面亮丽，色彩对比强烈，代表了明代早期的皇家琉璃烧造工艺水平。此外，

东陵出土的龙纹瓦当

东陵出土的琉璃瓦构件

饰有黄、绿、黑等不同色釉的板瓦、筒瓦、通脊等构件，制作颇为精美。将它们与明孝陵建筑基址出土的同类文物相比也毫不逊色。

东陵的有关考古发现，彻底明确了陵寝所在具体位置，否定了其在梅花山以西的说法。东陵作为朱元璋皇太子的陵寝，在制度上也有它自己的特色。它的第一进院落两侧围墙呈弧形向寝园大门内收，使之平面作龟背状。这种陵寝格局在全国目前还仅此一例。从总体布局上看，东陵仍采用孝陵制度，只不过在规模上有所缩小，建筑内涵上有所减省，如中轴线上的主体单元有寝园大门、享殿前门、享殿、宝顶，与明孝陵相比，所缺惟有方城及明楼。这可能与朱标的儿子建文帝尚未来得及为其父建造有关。

考古资料证明，东陵与孝陵被置于同一陵域内，在东陵陵寝中轴线上乃至整个陵区范围内，经调查、钻探，未发现它有单独设置的跨过陵寝前面御河的桥梁遗存，也没有神道石刻的存在，这说明当时东陵与孝陵是合用同一条主神道及御河桥的。因此，考古专家认为，北京十三陵将第一代皇帝陵寝（朱棣长陵）的神道作为后世历代皇帝共用神道的制度应该是从朱元璋的孝陵承袭而来。

东陵的发现，对研究和认识明初建文帝及其父朱标和朱标陵的历史定位、定性问题有特殊意义。当年朱标去世后，按封建时代嫡长子继承制，朱元璋选定朱标儿子朱允炆作为皇位接班人。1398 年，朱元璋去世后，朱允炆登基称帝，年号建文，史称惠帝。建文

东陵出土的龙纹滴水

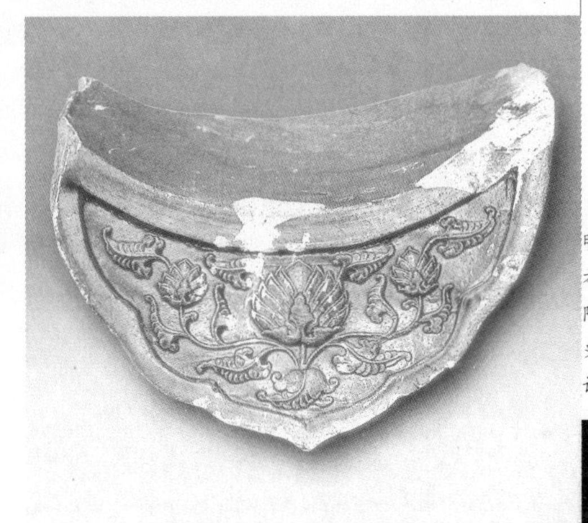

东陵出土的西番莲滴水

元年二月，追尊皇考（朱标）为孝康皇帝，庙号兴宗，母常氏（开平王常遇春女）为孝康皇后。按明代制度，儿子称帝，其父陵寝应获帝陵称号，但史载东陵"所荐陵号不传"。建文四年，燕王朱棣攻占南京，夺得帝位，建文帝下落不明。《明史·诸王传》记载，朱棣为了自己统治的需要，对朱标诸子及建文帝的后代实行残酷迫害，几近灭绝；同时废除建文帝的帝号和朱标的帝号、庙号，又恢复朱标陵为懿文太子陵的称号，试图抹去建文帝主政这段历史的所有痕迹。朱棣死后，在正德、万历、崇祯年间，不断有大臣提出恢复建文帝的历史地位的建议，但碍于当时特殊的政治背景，这一旨在尊重历史事实的要求一直没能实现。南明时，福王朱由崧在南京建弘光小朝廷，短暂恢复了朱标夫妇的帝号和皇后号。有关建文帝的历史地位直到清朝乾隆皇帝即位后才获解决。乾隆元年（1736 年），爱新觉罗·弘历召集群臣廷议，决定尊重历史，给建文帝上谥号，称恭闵惠皇帝，这实际上同时也恢复了建文帝之父朱标应有的历史地位。所以，在乾隆年间修定《明史》时，书中专门为朱标立《兴宗孝康皇帝传》，并附孝康皇后和建文生母吕太后传。从明到清，朱标先后三次获得"帝号"。从这个意义上说，明东陵应当具备明代"帝陵"的文化地位，尽管朱标的陵寝建筑实际上是一座皇太子陵的建制（如陵寝中缺明楼及方城，主体建筑多用绿色琉璃瓦）。有的专家将明东陵称为明代第19座帝陵，从其历史地位而言是有其合理性的。

2000年9月，中山陵园管理局斥资对考古发现的明东陵寝园遗址做了科学保护，建成江苏省首座帝陵遗址公园对社会开放。至此，明东陵已成为南京地区一处重要的文化景观，同时也成为有关专家学者考察的重要地点。国家文物局文物保护司副司长、历史考古学者宋新潮先生在2001年9月考察明东陵遗址公园时，对发掘出土的考古遗迹做这样的保护和展示给予了充分肯定。

明孝陵的管理和保护

明孝陵自建成后，一直受到历代统治者的管理和保护。在明代，由于它是开国皇帝的陵寝，是国家和皇权的象征，也是"龙脉"所在，事关子孙的兴旺发达与国运的长久，所以，在管理上采取了严密的措施。

当时，其管理分内外两支力量，外部是在孝陵郭城之外的"下马坊"东侧设军事机构"孝陵卫"，该卫建于洪武三十一年（1398年）六月。按明代军制，每个卫有士兵5600人，卫官设指挥使一人（正三品），指挥同知二人（从三品），指挥佥事四人（正四品），镇抚司镇抚二人（从五品），经历一人（从七品），佥书二人，掌印一人，知事一人（正八品），吏目一人（从九品），仓大使、副使各一人，卫学者教授一人，训导一人。各按官职品位高低领取俸薪米。孝陵卫隶属于亲军卫指挥使司，受南京中军都督府节制。

洪武以后，孝陵卫也有些变化。嘉靖二十四年（1545年），该卫有士兵共3000名，为相对独立的陵寝保卫机构，不许奉祀内臣干预其事务。嘉靖四十一年，准孝陵卫正军500名，专听神宫监差拨，其余士兵平时随营操练，有紧急情况专护陵寝，不许混同营兵一体调拨，该卫主要任务实际上还是以保卫孝陵为主。从洪武三十一年六月设立孝陵卫，直至崇祯时，孝陵卫基本上保持了充足的兵力，俸禄、供养都有保障。卫所职官并允许子孙世袭,普通士兵老弱病死,同样可以有后代递补。当然,如果他们在保卫孝陵方面出了差错,有关官员要受到惩罚,轻则降职外调,重则发配、充军到边远地区。

孝陵的内部管理由“神宫监”负责。在明代之前,我国的帝陵有事死如生的礼制,皇帝死后,由原先侍奉皇帝的宫人(一般指无子女的宫人)住到陵园去,早晚为皇帝的“灵魂”“起居饮食”服务。朱元璋当政后,对陵寝之制做了改革,取消宫人入陵侍奉之制,在陵园内设神宫监,由太监在此负责日常事务。神宫监设太监　人(正四品),左右少监各　人(从四品),左右监丞各一人(正五品),典簿一人(正六品),还设有长随奉御(无定员,从六品)。这些人员负责陵园内的日常事务,同时兼做栽种果木蔬菜之事。每年的大祭、中祭、小祭之时,就是他们最为忙碌的时候。当然,他们俸禄优厚,一个个都过着衣食无忧的生活。孝陵神宫监隶广西清吏司,与南京内宫监、南京神乐观同为南京守备太监所直

下马坊与神烈山碑、禁约碑旧影

大金门旧影

石立象旧影

石跪象旧影

辖。除以上管理机构外，南京守备官也要不时巡视，锦衣卫每季派“百户”、旗校等巡视，禁止民众在附近损伤草木，南京太常寺每个月还督令铺排、厨役打扫孝陵。可见管理工作十分细致。

按明朝政府规定，当时普通百姓是不能擅自入陵的，就连祭陵的官员也要在外郭城大金门“数百步外”下马，步行进入陵区。至今在孝陵外郭正门外东南宁杭公路一侧还有一座“下马坊”，上面刻着“诸司官员下马”六字，这座大牌坊据专家推测应立于洪武二十六年(1393年)。据《明史》卷六十记载，这一年有令：“车马过陵，及守陵官民入陵者，百步外下马，违者以大不敬论。”据《明会典·兵律》说，当时凡擅自进入孝陵陵门者杖一百，有毁坏陵墓者按谋反罪皆凌迟处死，就是说要被千刀万剐，何其残忍。而且“祖父、父、子、孙、兄、弟及同居之人，不分异姓及伯叔父兄弟之子，不限籍之同异，年十六以上，不论笃疾、废疾，皆斩；其十五(岁)以下，及女、妻妾、弟妹，若子之妻妾，给付功臣之家为奴，财产入官；……知情故纵、隐藏者斩。”惩罚极其严酷。甚至盗伐陵园树木或在陵墙

石望柱旧影

石马旧影

石翁仲旧影

外10公里处取土、取石，开窑烧造，放火烧山及盗杀陵园梅花鹿的，也要治罪。如明弘治年间，南京守备太监蒋忠因在孝陵南10公里处开了一条供自家行走的路，被人告发，结果被处死。嘉靖九年（1530年），住在孝陵附近的老百姓误杀了陵园里的野兽，被论死刑。隆庆三年（1569年），南京神宫监太监王采因盗伐孝陵树木被杀头……其例甚多。正是在严酷的封建礼法面前，孝陵才在明朝200多年的统治过程中，获得

孝陵殿(享殿)旧影

了很好的保护。甚至到了明朝快要灭亡的崇祯十四年(1641年)五月,崇祯皇帝还敕谕“禁约”,说“仰瞻孝陵,关系根本”,指示有砍伐孝陵树木者处死,与孝陵所在的钟山为同一系列的山脉也不许开凿,违者同样要斩首等等,目的在于护卫龙脉,善待“风水”,让朱元璋在天之灵“妥侑于斯”。

在维修方面,凡孝陵内殿宇有损,都由南京中央机构六部之一的工部修理,保护孝陵的卫所房屋则由军队自行解决。永乐年间开始,孝陵内的部分建筑已逐步破损,修缮工作也不时展开,如永乐十一年(1413年),修神厨、神库、宰牲亭、棂星门;永乐十八年,修孝陵享殿等。

清初,改朝换代导致孝陵管理日渐松弛,陵园树木先遭刀斧之殃。王源鲁《小腆纪叙》说,清兵占领江宁(今南京)后,当地“土人无赖者争盗孝陵木”,灵谷寺有一和尚出面阻挡,竟被伐木者打死。屈大均《孝陵恭谒记》载孝陵“旧有松树十万株,苍翠荫森,与岩石、云林相蔽亏,皆六朝古物,今弥望无一存矣”。屈大均为明末清初人,他在清朝早期到孝陵时,所见孝陵内的万株树木已被砍伐殆尽,与明朝满山苍翠景象相比真有隔世之感。尽管如此,由于清初民族矛盾十分尖锐,统治集团出于笼络人心、稳定统治的需要,仍然对明孝陵采取了有力的保护措施。如清顺治二年(1645

年）五月二十七日，南下清军统帅、豫亲王多铎谒孝陵，七月，特地派遣太监正、副二员，陵户四十名守卫孝陵。特别是康熙、乾隆二帝南巡时多要到孝陵拜谒，其中康熙帝先后六次前来，并书写了“治隆唐宋”四字，称赞明太祖的文治武功超过了唐太宗李世民和宋太祖赵匡胤，评价极高，该碑至今还耸立在孝陵碑殿内。乾隆皇帝在谒陵时也留下了诗文。事实上，清帝谒前朝皇帝陵寝，从政治角度讲，确实收到了意想不到的社会效果。王士祯《池北偶谈》记载，康熙二十三年，“亲谒明太祖陵。上（指康熙帝）由甬道旁行，谕扈从诸臣皆于门外下马。上行三跪九叩头礼。诣宝城前，行三献礼。出，复由甬道旁行。……父老从者数万人，皆感泣”。康熙帝祭谒孝陵，南京地方百姓竟然有数万人跟随其后，感激涕零，由此，满族出身的皇帝自然赢得了汉族人民的心。

有清一代，从康熙开始为孝陵立碑保护，禁止樵牧，到乾隆十六年，“始裁守陵司香太监，但留陵户看守”。再到咸丰三年，太平天国以南京为都，由于钟山上下成为两军对垒拼杀之处，明孝陵几乎所有的地面木结构建筑尽遭毁坏。太平天国失败后，同治十二年（1873 年），在曾国荃等人主持下，孝陵文物稍有整修，由于受财力所限，享殿等大型建筑无力恢复，只不过在享殿原址上建了一座小殿和三间守陵的房屋。清代晚期，国力衰微，孝陵残破乃势之必然。不过，直到宣统元年（1909 年），两江洋务总局道台和江宁府知府还在孝陵会衔竖立保护孝陵的“特别告示碑”，碑文用日、德、意、英、法、俄六国文字镌刻。一块碑上用六国文字，在中国帝陵碑中也算稀罕之物了。

1912 年 2 月 15 日，中华民国临时大总统孙中山先生亲率“南京临时政府”的文武官员赴孝陵谒祭。孙中山先生亦是与金陵和钟山有缘，这一年 3 月 10 日，孙中山与胡汉民、徐绍桢等在紫金山上打猎，大概是有感于钟山的雄伟，孙中山笑对左右说：“待我他日辞世后，愿向国民乞此一抔土，以安置躯壳尔。”1925 年孙中山又在病中叮嘱：“吾死之后，可葬于南京紫金山麓，因南京为临时政府成立之地，所以不可忘辛亥革命也。”1929 年 6 月 1 日，孙中山先生遗体奉安钟山东峰南麓“中山陵”。同一年，明孝陵陵宫及神道一带也划入总理陵园区，得到了国民政府的保护和修治。

大金门地面维修

金水桥前广场环境整治

当然,明孝陵的文物遗存真正得到全面的整理和维修,明孝陵的周边环境得到系统的保护和改善,还是在1949年新中国成立以后。1961年,国务院公布明孝陵为第一批全国重点文物保护单位。此后,《中华人民共和国文物保护法》、《风景名胜区管理条例》、《南京市文物保护条例》、《南京市中山陵园风景区管理条例》等法律法规的相继公布,为保护明孝陵提供了法律依据。在此基础上,陵园管理部门布置园林绿化,整理周边道路环境,使陵区成为人民群众的游览场所。1963年以后,中央、省、市各级政府多次拨款,由文物部门和中山陵园管理部门主持对孝陵文物遗迹展开修缮,先后维修了明楼楼面、享殿、大金门、碑亭(四方城)、神道、下马坊等。1991年,中山陵园管理处(即现在的中山陵园管理局)、南京市文管会、东南大学建筑系联合制定了《明孝陵保护规划》,该规划于1992年12月29日被国家文物局批准正式实施。按照规划,明孝陵分为一级和二级两层保护区。下马坊、神烈山周围3.75公顷,以及南京手表厂、大金门、神功圣德碑亭、石像生、梅花山、妃子墓区、陵寝建筑、宝城、东陵等共 112.5 公顷为一级保护区,受到严格的保护。二级保护区范围有 180 公顷。在一级保护区内只能进行与文物保护有关的工程项目,严禁搭建与原孝陵建筑无关的任何工程项目。在二级保护区内,不准建设与风景旅游无关的建筑,对影响景观的设施严格控制,必须建设的要获得上级有关部门的批准。1996 年,中山陵园管理局自筹资金对孝陵"翁仲路"进行改造维修,抬高路基,中间铺设简易便道,种植草坪,次年完成"石象路"神道环境保护工程。

整治后的金水桥广场

1997 年以后,中山陵园管理局文物处与南京市文物研究所合作,向国家、省、市文物主管部门申报了"明孝陵考古"课题,在考古勘探、发掘的基础上,先后清理了陵宫门(文武坊门)、享殿、东配殿、西配殿、神厨、具服殿、东井亭、西井亭、陵宫东侧护墙濠以及明东陵寝园等遗迹,在考古发掘和科学研究的基础上,中山陵园管理局在尊重文物原状的原则下,先后投资修复了陵宫门中央三门和两侧边门建筑,并先后建成明东陵遗址公园及所有的出土建筑遗迹保护工程,使明孝陵的全部文物遗存得以向社会开放。2000 年 2 月 28 日,"孝陵博物馆"正式挂牌成立,从此,明孝陵有了专业的保护与展示机构。2001 年 7 月 25 日,由中山陵园管理局等发起的"南京明文化研究会"也在明孝陵"安家落户"。这样,明孝陵的文物保护、科研、展览就有了进一步的组织保障与专业人才保障。2000 年 12 月以后,由于明孝陵申报世界文化遗产工作正式启动,明孝陵的保护和管理又进入了一个新的发展时期。

世界文化遗产家族中的新成员

整治后的金水桥

南京作为中国四大古都中惟一地处长江南岸的城市，与西安、洛阳、北京拥有同样的历史辉煌和文化积淀。这里曾先后有孙吴、东晋、宋、齐、梁、陈及南唐、明代、太平天国和中华民国在此立国，建都史长达400多年。按说在都城建设过程中，一定会留下大量的饮誉世界的文化遗珍，它昭示着都城比之一般城市拥有过更多的荣耀与繁荣；但实际上，古都也曾为整个民族承载过更多的苦痛和伤害，使得那些象征着一个王朝一种精神的巍峨城垣、显赫皇宫以及华丽的陵寝、庙宇、巨室等在政权更替或敌人入侵中化为灰烬。在南京历史上，先后就发生过苏峻焚宫、侯景叛乱、隋兵耕垦、朱棣灭忠、清兵破城、日寇屠戮等一系列惨烈的事件，它们无不对历代文化遗存造成巨大的破坏。因而迄今为止，南京虽然拥有280多处市级以上文物保护单位，但属于民国之前的布局完好、结构齐整、面貌依旧、环境优美的重要地面文物真是屈指可数。

明孝陵申报世界文化遗产

中国作为世界上主要的几个文明中心之一，在文化遗产上自有其应当的骄傲和必需的追求。所以，从1987年中国正式加入《世界遗产公约》以来，各地政府申报文化及自然遗产的热情持续高涨，十余年间，全国已有28项30多处文物单位和风景名胜被列入世界遗产名录。

修缮后的神功圣德碑亭

世界遗产不

修缮后的碑殿

修缮前的享殿台基状况

仅是一个国家、一座城市在历史文化地位、文明发展程度、环境、可持续发展以及文化资源共享意识与认知水平等方面的国际性典范，而且也能成为一个地方的"世界名片"和"文化品牌"，会带来意想不到的"市场"效应。在"注意力经济"已经成为国际潮流的时候，创造能够吸引世界目光的文化品牌，岂能不成为我们倾心的事业?！遗憾的是，到21世纪已经来临的时候，在中国四大古都中，只有南京没有项目参评角逐世界遗产，这不能不成为南京人民的心头之痛。其实，这些年来，南京的文化文物部门在掰着指头排队：南京能拿出什么文物项目申报世界文化遗产？

按照《保护世界文化和自然遗产公约》的规定，凡提名列入《世界遗产名录》的文化遗产项目，必须符合下列一项或几项标准方有可能获得批准：

代表一种独特的艺术成就，一种创造性的天才杰作；

能在一定时期或世界某一文化区域内，对建筑艺术、纪念物艺术、城镇规划或景观设计方面的发展产生过较大影响；

能为一种已消逝的文明或文化传统提供一种独特的至少是特殊的见证；可作为一种建筑或建筑群或景观的杰出范例，展示人类历史上一个(或几个)重要阶段；

可作为传统的人类居住地或使用地的杰出范例，代表一种(或几种)文化，尤其在不可逆转之变化的影响下变得易于损坏；

与具特殊普遍意义的事件或现行传统或思想信仰或文学艺术作品有直接或实质的联系(只有在某些特殊情况下或该项标准与其他标准一起作用时，此款才能成为列入《世界遗产名录》的理由)。

修缮后的享殿台基

另外，作为申报的遗产还必须具备布局的完整性和环境的原生性，以及遗产所在地政府和民众的积极性与理解度，亦即遗产及其生存的环境都要保持完整性，哪怕遗产本身已是残墙断垣，只要它具备应有的内涵和地位，只要其整体布局还在，只要它生存环境没有遭到后人的任意侵占和破坏，只要它真的还得到文明社会的尊重和呵护，那么它就有资格接受世界的评审和认定，从而成为全人类共享共珍的文化财富。按照这些条件，明孝陵虽然受到过历代风雨的摧折，特别是战火的毁损，但它的整体格局、生存环境并未遭大的破坏，尤其是历代政府对它的精心保护，专家学者

2000 年 8 月 6 日，联合国教科文组织专家亨利·克利尔先生在中山陵园管理局原党委副书记刘伯生等同志陪同下考察明孝陵

韩国专家李相海先生等人在北京十三陵考察

对它的研究和深刻内涵的揭示，使它成为南京地区最有条件向世界遗产冲刺的项目。因此，南京市人民政府作为中国政府主持世界遗产申报的决策部门和专家最终选择了明孝陵。

2000 年 8 月 7 日，国家文物局具体负责世界遗产申报与管理工作的郭旃处长陪同联合国教科文组织负责亚洲世界遗产项目考察的英国考古学家亨利·克利尔先生，专门到南京考察了明孝陵。8 日，当时的南京市市长王宏民和副市长许慧玲会见了克利尔先生。克利尔认为，南京的明孝陵给他留下了深刻的印象，希望南京市创造条件，争取明孝陵成为中国已经成功申报的《明清皇家陵寝》世界遗产的扩展项目。经过一段时间的酝酿，当年 11 月 18 日，南京市文物局、中山陵园管理局联合召开了"明孝陵申报世界文化遗产工作会议"。参加会议的有南京市文物局局长魏正瑾、中山陵园管理局局长王学智及局党委副书记刘伯生等。会议讨论了申报世界遗产工作计划。为推进计划的落实，这次会议决定成立由两局派员组成的九人联合工作小组，工作组长和副组长分别由贺云翱、王前华担任。工作小组的任务是：负责代拟呈交省、市政府和国家文物局的申请报告；撰写制作递交联合国教科文组织的申报文本；根据申报要求对明孝陵需开展的环境整治等工作做调研并提出具体意见；同国家文物局保持沟通和联络。在此后的时间里，按照国家文物局的部署，到 2001 年 1 月，相继完成了各项前期工作。8月，有关明孝陵的中、英文两种文字的文本及录像、幻灯片等被递交到北京。中山陵园管理局也完成了发掘出土的考古遗迹的整修和环境保护项目的确认等相关工作。随后，明孝陵作为《明清皇家陵寝》扩展项目与北京十三陵一同申报。

世界遗产申报是一项涉及面广、事关整个社会的系统工程。随着申报工作的不断深入，尤其是环境整治力度的加大，迫切需要有一个更高层次的组织机构进行宏观协调和指挥。根据形势发展需求，2002年3月15日，中共南京市委决定成立市一级领导小组。组长由市委副书记汪正生担任，副组长为市委宣传部部长王燕文、副市长周学柏、许慧玲，领导小组成员来自建委、规划、国土、旅游、文化文物、中山陵园管理局等部门。小组下设秘书、宣传、文物维修、环境整治4个工作组。在强有力的组织领导下，3月以后，在中山陵园管理局局长王学智、副局长余金保等领导的直接主持下，相继完成了整修金水桥御河，清理保护宝城御河，修缮宝城影壁、明楼地面及其防水系统，清理陵宫墙垣上的杂草杂树，将视线以内的电线杆、通讯线路等改道，

整治后的下马坊

中山陵园管理局领导王学智、余金保陪同市领导罗志军、汪正生考察明孝陵

许慧玲副市长陪同李相海先生考察明孝陵

陵成为“世界文化遗产”后，它将吸引越来越多的海内外游客，它的文化成就将会获得世人的广泛瞩目和欣赏。

今后，明孝陵的文物及其空间将会得到更好的恢复与保护，周边环境还会得到进一步的改善。下马坊至大金门之间将被打通。按照明代的制度，大金门前将成为一个视野开阔的广场，并真正成为游人进入孝陵陵区的入口。按照保护规划，大金门和碑亭（四方城）之间被通往中山陵的陵园路所切断的神道应得到修复。专家们建议在公路上方建造桥梁，下通汽车，上为神道，神道两侧植树绿化以挡视线，神道与公路立体交叉，以恢复庄严的神道气氛和良好的旅游环境。

明孝陵“翁仲路”一段现因成为交通要道而成了对文物保护和陵区环境保护的最大不利因素，这也是明孝陵申报世界遗产过程中受到专家质疑最多的地方。将来，会有一条新的道路从明孝陵南部外围经过，以完全恢复神道原有的庄严、祥和的气氛。到那个时候，人们从下马坊——大金门——碑亭——石象路——翁仲路——陵宫一线通过将会畅通无阻。一个真实完整的明孝陵将展示在世人面前。此外，孝陵博物馆将创设更加完善的陈列条件。国内外专家会从不同角度进一步挖掘和研究明孝陵及其相关的学术课题，过去几年所做的考古成果也会陆续整理出版。在有关学术机构和专家的合作与支持下，明孝陵一定会成为国内外研究明代文物和文化的重要学术中心和传播中心之一。

也许在未来的某一天，随着科学技术的发展和文物保护能力的提高，经国务院批准，有关部门将对孝陵地宫做考古发掘，以打开明孝陵最神秘的空间。届时这里不仅会成为最吸引人们目光的地方，也会成为研究明代早期政治、经济、艺术、礼仪、技艺以及纺织、陶瓷、玉器等若干领域的重要学术基地。

明孝陵所具有的深厚博大的东方文化内涵不仅属于中国，而且属于世界。它作为“世界文化遗产”，一定会获得中国政府与中国人民的精心呵护和有效利用。

明孝陵在伟大的中国，在神奇的南京，在美丽的钟山脚下。明孝陵，我们为你骄傲，为你祝福！

后记

巍巍帝陵,悠悠古迹。“明代第一陵”——南京明孝陵,以其在中国帝陵发展史上里程碑式的地位,以其丰富的人文景观和优美的自然景致而闻名遐迩。特别是自2001年申报世界文化遗产以来,更是名扬海内外。为了充分展示明孝陵历史概貌和近年来新的考古发现、文物景观,并为广大游客提供一本最新颖、最全面的旅游读物,我们特地编撰了这本《明孝陵史话》。在编写过程中,力求做到图文并茂、资料翔实、通俗生动、深入浅出,以求全面展现明孝陵的深厚内涵和无限魅力。

本书的编辑出版,得到了南京市社科联(南京市社科院)、南京出版社以及中山陵园管理局文物处的大力支持。本书由王前华、廖锦汉、崔秀红、向阳鸣、查珣编写,王前华、廖锦汉统稿。龚康宁、卢海鸣等同志给予编撰工作诸多关心和帮助。中山陵园管理局编辑的《明孝陵志新编》、《朱元璋与明孝陵》、《中山陵园史话》等书,以及南京大学文化与自然遗产研究所所长贺云翱同志主持的明孝陵考古发掘及研究工作成果,为本书提供了不少有用的资料。本书摄影图片由童天立、屠国啸等同志提供。在此一并表示诚挚的谢意!

限于学力水平,书中难免会有疏漏谬误和材料不确之处,尚请专家、读者指正。

2003年6月